A ORIGEM DAS ESPÉCIES

VOLUME TERCEIRO

CHARLES Darwin

A ORIGEM DAS ESPÉCIES

VOLUME TERCEIRO

TRADUÇÃO
André Campos Mesquita

Lafonte

2021 - Brasil

Título original: *The Origin of Species by means of Natural Selection or the Preservation of Favoured Races in the Struggle for Life*
Copyright © Editora Lafonte Ltda., 2017

Todos os direitos reservados.
Nenhuma parte deste livro pode ser reproduzida sob quaisquer meios existentes sem autorização por escrito dos editores.

Direção Editorial	Ethel Santaella
Organização Editorial	Ciro Mioranza
Tradução	André Campos Mesquita
Copidesque	Nídia Licia Ghilardi
Revisão	Rita Del Monaco
Diagramação	Demetrios Cardozo
Imagem de capa	Shutterstock.com

Dados Internacionais de Catalogação na Publicação (CIP)
(Câmara Brasileira do Livro, SP, Brasil)

Darwin, Charles, 1809-1882
 A origem das espécies / Charles Darwin ; tradução André Campos Mesquita. -- São Paulo : Lafonte, 2021.

 Título original: On the origin of species
 Conteúdo: Tomo III e último, Por meio da seleção natural, ou, A preservação das raças favorecidas na luta pela vida
 ISBN 978-65-5870-059-3

 1. Evolução (Biologia) I. Título.

21-55499 CDD-576.8

Índices para catálogo sistemático:

1. Origem das espécies : Evolução : Biologia 576.8

Cibele Maria Dias - Bibliotecária - CRB-8/9427

Editora Lafonte
Av. Profª Ida Kolb, 551, Casa Verde, CEP 02518-000
São Paulo - SP, Brasil – Tel.: (+55) 11 3855-2100
Atendimento ao leitor (+55) 11 3855-2216 / 11 3855-2213 – atendimento@editoralafonte.com.br
Venda de livros avulsos (+55) 11 3855-2216 – vendas@editoralafonte.com.br
Venda de livros no atacado (+55) 11 3855-2275 – atacado@escala.com.br

Impressão e Acabamento
Gráfica Oceano

Índice

A Origem das Espécies - Tomo III 7
Capítulo XII - Distribuição Geográfica 9
Capítulo XIII - Distribuição Geográfica 39
Capítulo XIV - Afinidades mútuas dos seres orgânicos 63
Capítulo XV - Recapitulação e Conclusão 111

Esboço Autobiográfico 141
Notas 159

A Origem das Espécies
por meio da Seleção Natural
ou
A preservação das raças favorecidas na luta pela vida

Tomo III e último

Capítulo XII

Distribuição Geográfica

A distribuição atual não pode ser explicada por diferenças nas condições físicas – Importância dos obstáculos – Afinidades entre as produções de um mesmo continente – Centros de criação – Modos de dispersão por mudanças de clima e de nível da terra e por meios ocasionais – Dispersão durante o período glacial – Períodos glaciais alternantes no Norte e no Sul

Considerando a distribuição dos seres orgânicos sobre a superfície do globo, o primeiro dos grandes fatos que chamam nossa atenção é que nem a semelhança nem a diferença dos habitantes das diferentes regiões podem explicar-se totalmente pelas condições de clima ou outras condições físicas. Ultimamente, quase todos os autores que estudaram o assunto chegaram a essa conclusão. O caso da América quase bastaria por si só para provar sua exatidão, pois se excluíssemos as partes polares e temperadas do Norte, todos os autores concordam que uma das divisões mais fundamentais na distribuição geográfica é a que existe entre o Velho e o Novo Mundo; no entanto, se viajarmos pelo grande continente americano, desde as partes centrais dos Estados Unidos até o extremo sul, encontraremos as mais diversas condições: regiões úmidas, áridos desertos, altíssimas montanhas, pradarias, selvas, pântanos, lagos e grandes rios com quase todas as temperaturas. É muito difícil encontrar clima ou condições de ambiente no Velho Mundo cujo equivalente não pode ser encontrado no Novo, pelo menos tanta semelhança como exigem, em geral, as mesmas espécies. Indubitavelmente, no Velho Mundo podem ser destacados pequenos territórios mais calorosos do que nenhum dos do Novo; mas estes não estão habitados por uma fauna diferente da dos distritos circundantes, pois é raro encontrar um grupo de organismos confinado num pequeno território cujas condições sejam só um pouco especiais. Apesar desse paralelismo geral nas condições físicas do Velho Mundo e do Novo, como são diferentes suas produções vivas!

No hemisfério sul, se compararmos grandes extensões de terra na Austrália, África Austral e oeste da América do Sul, entre 250 e 350 de latitude, encontraremos regiões extraordinariamente semelhantes em todas suas condições, apesar do que não seria possível assinalar três faunas e floras por completo mais diferentes. E também podemos comparar na América do Sul as produções de latitudes superiores ao grau 30 com as do Norte do grau 25, que estão, portanto, separadas por um espaço de dez graus de latitude e se encontram submetidas a condições consideravelmente diferentes; no entanto, estão incomparavelmente mais relacionadas entre si que o estão com as produções da Austrália ou da África que vivem quase o mesmo clima. Podemos citar fatos análogos no que se refere aos seres marinhos.

O segundo fato importante que chama nossa atenção, nessa revisão geral, é que as barreiras de todas as classes ou obstáculos para a livre migração estão relacionadas de um modo direto e importante com as diferenças que existem entre quase todas as produções terrestres do Velho Mundo e do Novo, exceto nas regiões do Norte, onde as terras quase se reúnem e onde, com um clima um pouco diferente, puderam ter liberdade de migração para as formas das regiões temperadas do Norte, como ocorre agora com as produções propriamente árticas. O mesmo fato pode ser visto na grande diferença que existe entre os habitantes da Austrália, África e América do Sul nas mesmas latitudes, pois esses países estão o máximo possível isolados uns dos outros. Em cada continente, além disso, vemos o mesmo fato, pois aos lados opostos de cordilheiras elevadas e contínuas, de grandes desertos e até de largos rios encontramos produções diferentes, ainda que, como as cordilheiras, desertos etc., não sejam tão difíceis de passar como os oceanos, nem também não duraram tanto como estes, as diferenças são muito inferiores às que caracterizam os diferentes continentes.

Fixando-nos no mar, encontramos a mesma lei. Os seres marinhos que vivem nas costas orientais e ocidentais da América do Sul são muito diferentes, tendo pouquíssimos moluscos, crustáceos e equinodermas comuns a ambas as costas; mas o doutor Gunther demonstrou recentemente que trinta por cento, aproximadamente, dos peixes são iguais a ambos os lados do istmo do Panamá, e esse fato levou os naturalistas a crer que o istmo esteve aberto em outro tempo. Ao oeste da costa da América existe uma grande extensão de oceano sem uma ilha que possa servir de ponto de paragem a emigrantes; nesse caso temos um obstáculo de outra natureza e, enquanto este passa, nos encontramos nas ilhas orientais do Pacífico com outra fauna totalmente diferente. De maneira que, ocupando espaços consideráveis de Norte a Sul, em linhas paralelas não longe umas de outras, sob climas que se correspondem, estendem-se três faunas marinhas; mas estas são quase por completo diferentes, por estarem separadas por obstáculos infranqueáveis. Em mudança, continuando ainda para o oeste das ilhas orientais das regiões tropicais do Pacífico, não encontramos nenhum obstáculo infranqueável, e temos, como escalas, inúmeras ilhas ou costas contínuas, até que, depois de ter percorrido um hemisfério, chegamos à costa da África, e em todo esse vasto espaço não encontramos faunas marinhas diferentes e bem definidas. Ainda que tão poucos animais marinhos sejam comuns às três faunas próximas antes citadas da América Oriental, América Ocidental e ilhas orientais do Pacífico, muitos peixes se estendem desde o Pacífico até o interior do oceano Índico, e muitos moluscos são comuns às ilhas orientais do Pacífico e à costa oriental da África, regiões situadas em meridianos quase exatamente opostos.

O terceiro fato importante, que, em parte, está compreendido no que se acaba de expor, é a afinidade das produções do mesmo continente ou do mesmo mar, ainda que as espécies sejam diferentes em diferentes pontos ou estações. É esta uma lei muito geral; todos os continentes oferecem inúmeros exemplos dela e, no entanto, ao naturalista, quando viaja, por exemplo, de Norte a Sul, nunca deixa de chamar-lhe a atenção a maneira como se vão substituindo, sucessivamente, grupos de seres especificamente diferentes, ainda que muito afins. O naturalista ouve cantos quase iguais de aves muito afins, ainda que de espécies diferentes; vê seus ninhos construídos de modo parecido, ainda que não completamente igual, com ovos quase da mesma coloração. As planícies próximas ao estreito de Magalhães estão habitadas por uma espécie de Rhea (avestruz da América) e, ao Norte, as planícies de La Plata por outra espécie do mesmo gênero, e não por uma verdadeira avestruz ou um emu[1] como os que vivem na África e Austrália à mesma latitude. Nessas mesmas planícies de La Plata vemos a cutia[2] e a viscacha[3], animais que têm quase os mesmos costumes que nossas lebres e coelhos e que pertencem à mesma ordem dos roedores, mas que apresentam evidentemente um tipo de conformação americano. Se ascendermos aos elevados cumes dos Andes encontramos uma espécie alpina de viscacha; se nos fixamos nas águas, não encontramos o castor nem o rato-almiscarado[4], senão o ratão-do-banhado[5] e a capivara, roedores de tipo sul-americano. Poderiam citar-se outros inúmeros exemplos. Se consideramos as ilhas situadas frente à costa da América, por muito que difiram em estrutura geológica, os habitantes são essencialmente americanos, ainda que possam ser todos de espécies peculiares. Como se viu no capítulo anterior, podemos remontar-nos a idades passadas, e encontramos que então dominavam no continente americano e nos mares da América tipos americanos. Vemos nesses fatos a existência nas mesmas regiões de mar e terra de uma profunda relação orgânica através do espaço e tempo, independente das condições de vida. O naturalista que não se sinta movido a averiguar em que consiste essa relação tem de ser um tolo.

Essa relação é simplesmente a herança, causa que por si só, até onde positivamente conhecemos, produz organismos completamente iguais entre si, ou quase iguais, como pode ser visto no caso das variações. A diferença entre os habitantes de regiões diferentes pode atribuir-se à modificação relacionada à variação e à seleção natural, e provavelmente, em grau menor, à influência direta de condições físicas diferentes. Os graus de diferença dependerão de que tenha sido impedida, com mais ou menos eficácia, a emigração das formas orgânicas predominantes de uma região a outra, da natureza e número dos primeiros emigrantes, e da ação mútua dos habitantes, quanto conduza à conservação das diferentes modificações, pois, como já se fez observar muitas vezes, a relação entre os organismos na luta pela vida é a mais importante de todas. Desse modo, a grande importância das barreiras, pondo obstáculos às migrações, entra em jogo, do mesmo modo que o tempo, no lento processo de modificação por seleção natural. As espécies muito estendidas, abundantes em indivíduos, que triunfaram já de muitos competidores em suas dilatadas pátrias, terão mais probabilidades de apoderar-se de novos postos quando se estendam a outras regiões. Em sua nova pátria estarão submetidas a novas condições, e com frequência experimentarão mais modificações e aperfeiçoamento, e desse modo chegarão a atingir novas vitórias e produzirão grupos de descendentes modificados. Segundo esse princípio de herança com modificação, podemos compreender o caso tão comum e notório de que seções de gêneros, gêneros inteiros e até famílias estejam confinadas nas mesmas zonas.

Como foi observado no capítulo anterior, não há prova alguma da existência de uma lei de desenvolvimento necessário. Como a variabilidade de cada espécie é uma propriedade independente, que será utilizada pela seleção natural só até onde seja útil a cada indivíduo em sua complicada luta pela vida, a intensidade da modificação nas diferentes espécies não será uniforme. Se um grande número de espécies, depois de ter competido mutuamente muito tempo em seu habitat, emigrassem juntas a uma nova região, que depois ficasse isolada, seriam pouco susceptíveis de modificação, pois nem a emigração nem o isolamento por si sós produzem nada. Essas causas entram em jogo só quando colocam os organismos em relações novas entre si e também, ainda que em menor grau, com as condições físicas ambientais. Do mesmo modo que vimos no capítulo anterior que algumas formas conservaram quase as mesmas características desde um período geológico remotíssimo, também certas espécies se disseminaram por imensos espaços, tendo-se modificado pouco ou nada.

Segundo essas opiniões, é evidente que as diferentes espécies do mesmo gênero, ainda que vivam nas partes mais distantes do mundo, tenham de ter provido primitivamente de uma mesma origem, pois descendem do mesmo antepassado. No caso das espécies que experimentaram durante períodos geológicos inteiros poucas modificações, não há grande dificuldade em crer que tenham emigrado da mesma região, pois durante as grandes mudanças geológicas e climatológicas às quais foram submetidos desde os tempos antigos, são possíveis quaisquer emigrações, por maiores que sejam; mas em muitos outros casos, nós que temos motivos para crer que as espécies de um gênero se formaram em tempos relativamente recentes, existem grandes dificuldades sobre esse ponto. É também evidente que os indivíduos da mesma espécie, ainda quando vivam agora em regiões distantes e isoladas, tenham de ter provido de um só lugar, onde antes se originaram seus pais. Como se explicou, não é crível que indivíduos exatamente iguais tenham sido produzidos por pais especificamente diferentes.

CENTROS ÚNICOS DE SUPOSTA CRIAÇÃO

Vemo-nos assim levados à questão, que foi muito discutida pelos naturalistas, de se as espécies foram criadas num ou em vários pontos da superfície da terra. Indubitavelmente, há muitos casos em que é muito difícil compreender como a mesma espécie pôde ter emigrado desde um ponto aos variados pontos distantes e isolados onde agora se encontra. No entanto, a singeleza da ideia de que cada espécie se produziu ao princípio numa só região cativa a inteligência. Quem a recuse recusa o *lado causa* da geração ordinária com emigrações posteriores e invoca a intervenção de um milagre. É universalmente admitido que, na maioria dos casos, a zona habitada por uma espécie seja contínua e quando uma planta ou animal vive em dois pontos tão distantes entre si ou com uma separação de tal natureza que o espaço não pode ter sido atravessado emigrando facilmente, cita-se o fato como algo notável e excepcional. A incapacidade de emigrar atravessando um grande mar é talvez mais clara no caso dos mamíferos terrestres do que no de outros seres orgânicos, e assim não encontramos exemplos que sejam explicáveis de que o mesmo mamífero viva em pontos distantes da terra. Nenhum geólogo encontra dificuldade em que a Grã-Bretanha possua os mesmos quadrúpedes que o resto da Europa, pois não há dúvida de que em outro tempo estiveram unidas. Mas se as mesmas espécies podem ser produzidas em dois pontos separados, como é que não encontramos nem um só mamífero comum à Europa e Austrália ou América do Sul? As condições de vida são quase iguais; de tal maneira que muitos animais e plantas da Europa chegaram a se adaptar à América e Austrália e algumas das plantas nativas são idênticas nesses pontos tão distantes do hemisfério norte e do hemisfério sul. A resposta é, a meu ver, que os mamíferos não puderam emigrar, enquanto algumas plantas, por seus variados meios de dispersão, emigraram através dos grandes e ininterruptos espaços intermediários. A influência grande e assombrosa dos obstáculos de todas as classes só é compreensível segundo a opinião de que a maioria das espécies foi produzida a um lado do obstáculo e não pôde emigrar ao lado oposto. Um reduzido número de famílias, muitas subfamílias, muitos gêneros e um número ainda maior de seções de gêneros estão limitados a uma região determinada, e foi observado por diferentes naturalistas que os gêneros mais naturais – ou seja, os gêneros em que as espécies estão mais estreitamente relacionadas entre si – estão geralmente confinados numa mesma região, ou, se ocupam uma grande extensão, essa extensão é contínua. Que anomalia tão estranha se, quando descemos um grau na série, ou seja, quando passamos aos indivíduos da mesma espécie, prevalecesse a regra diametralmente oposta, e esses indivíduos não tivessem estado, pelo menos ao princípio, confinados a uma só região!

Portanto, parece-me, como a outros muitos naturalistas, que a opinião mais provável é a de que cada espécie foi produzida numa só região e posteriormente emigrou dessa região até onde permitiram suas faculdades de emigração e resistência, nas condições passadas e presentes. Indubitavelmente, apresentam-se muitos casos em que não podemos explicar como a mesma espécie pôde ter passado de um ponto a outro. Mas as mudanças geográficas e climatológicas que ocorreram certamente em tempos geológicos recentes têm de ter convertido em descontínua a distribuição geográfica, antes contínua, de muitas espécies. De maneira que nos vemos reduzidos a considerar se as exceções à continuidade da distribuição geográfica são tão numerosas e de natureza tão grave que tenhamos de renunciar à opinião que as considerações gerais fazem provável, de que cada espécie foi produzida numa região e que desde ali emigrou até onde pôde. Seria inutilmente fatigoso discutir todos os casos excepcionais em que uma mesma espécie vive atualmente em pontos distantes e separados, e não pretendo, nem por um momento, que possa oferecer-se explicação alguma de muitos casos. Mas, depois de umas observações preliminares, discutirei alguns dos grupos mais notáveis de fatos, como a existência da mesma espécie nos cumes de regiões montanhosas diferentes ou em pontos muito distantes das regiões árticas e antárticas; discutirei depois – no capítulo seguinte – a extensa distribuição das produções de água doce, e depois a presença das mesmas produções terrestres em ilhas e na terra firme mais próxima, ainda que separadas por centenas de milhas de oceano. Se a existência da mesma espécie em pontos distantes e isolados da superfície terrestre pode ser explicada em muitos casos dentro da opinião de que cada espécie emigrou desde um só lugar de nascimento, então, tendo em conta nossa ignorância das antigas mudanças climatológicas e geográficas e dos diferentes meios de transporte ocasionais, a crença de que a lei é um só lugar de origem me parece incomparavelmente a mais segura.

Ao discutir esse assunto, poderemos, ao mesmo tempo, considerar um ponto igualmente importante para nós, ou seja, se as diferentes espécies de um gênero, que, segundo nossa teoria, teriam de descender todas de um antepassado comum, podem ter emigrado experimentando modificações durante sua emigração desde uma região. Quando a maioria das espécies que vivem numa região são diferentes das de outra, ainda que muito afins a elas, pode se demonstrar que provavelmente tenha ocorrido em algum período antigo emigração de uma região a outra; nossa opinião geral ficará então muito fortalecida, pois a explicação é clara segundo o princípio da descendência com modificação. Uma ilha vulcânica, por exemplo, que se levantou e, formou a algumas centenas de milhas de distância de um continente, tem provavelmente de receber deste, em decorrência do tempo, alguns colonos e seus descendentes, ainda que modificados, estes têm de estar ainda relacionados por herança com os habitantes do continente. Os casos dessa natureza são comuns e, como veremos depois, não são explicáveis dentro da teoria das criações independentes. Essa opinião da relação das espécies de uma região com as de outra não difere muito da proposta pelo senhor Wallace[6], o qual chega à conclusão de que "toda espécie começou a existir coincidindo em espaço e em tempo com outra espécie preexistente muito afim", e atualmente é bem sabido que Wallace atribui essa coincidência à descendência com modificação.

O problema da unidade ou pluralidade de centros de criação é diferente de outra questão com ele relacionada, ou seja, se todos os indivíduos da mesma espécie descendem de um só casal ou de um só hermafrodita, ou se, como alguns autores supõem, descendem de muitos indivíduos simultaneamente criados. Nos seres orgânicos que nunca se cruzam – se é que existem – cada espécie tem de descender por uma sucessão de variedades modificadas, que se foram suplantando umas ou outras, mas que nunca se misturaram com outros indivíduos ou variedades da mesma espécie, de maneira que em cada estado sucessivo de modificação todos os indivíduos da mesma forma descenderão de um só progenitor. Mas na maioria dos casos – ou seja, em todos os organismos que habitualmente se unem para cada criança, ou que às vezes se cruzam – os indivíduos da mesma espécie que vivem na mesma região se manterão quase uniformes por cruzamento, de maneira que muitos indivíduos continuarão mudando simultaneamente e todo o conjunto de modificações em cada estado não se deverá à descendência de um só progenitor. Para aclarar o que quero dizer: nossos cavalos de corrida ingleses diferem dos cavalos de qualquer outra raça, mas não devem sua diferença e superioridade ao fato de descenderem de um só casal, senão ao cuidado contínuo na seleção e adestramento de muitos indivíduos em cada geração.

Antes de discutir as três classes de fatos que selecionei por apresentarem as maiores dificuldades dentro da teoria dos centros *únicos de criação*, tenho de dizer algumas palavras a respeito dos meios de dispersão.

Meios de Dispersão

C. Lyell e outros autores trataram admiravelmente esse assunto. Não posso dar aqui senão um resumo brevíssimo dos fatos mais importantes. A mudança de clima tem de ter exercido uma influência poderosa na emigração. Uma região infranqueável, pela natureza de seu clima, para certos organismos pode ter sido uma grande via de emigração quando o clima era diferente. Terá, no entanto, que se discutir agora esse aspecto da questão com algum detalhe. As mudanças de nível do solo têm de ter sido também de grande influência: um estreito istmo separa agora duas faunas marinhas; suponhamos que se submerja, ou que tenha estado antes submerso, e as duas faunas marinhas se misturaram ou puderam ter-se misturado antes. Onde agora se estende o mar, pode a terra, num período anterior, ter unido ilhas, ou talvez até continentes, e desse modo ter permitido às produções terrestres passar de uns a outros. Nenhum geólogo discute o fato de que ocorreram grandes mudanças de nível dentro do período dos organismos atuais. Edward Forbes[7] insistiu sobre o fato de que todas as ilhas do Atlântico têm de ter estado, em época recente, unidas à Europa ou à África, e também a Europa com a América. Da mesma maneira, outros autores levantaram pontes hipotéticas sobre todos os oceanos, e uniram quase todas as ilhas com algum continente. Realmente, se podemos confiar nos argumentos empregados por Forbes, temos de admitir que dificilmente existe uma só ilha que não tenha estado unida a algum continente. Essa opinião corta o *nó górdio* da dispersão de uma mesma espécie a pontos extraordinariamente distantes e suprime muitas dificuldades, mas, segundo meu leal saber e entender, não estamos autorizados para admitir tão enormes mudanças geográficas dentro do período das espécies atuais. Parece-me que temos abundantes provas de grandes oscilações no nível da terra ou do mar; mas não de mudanças tão grandes na posição e extensão de nossos continentes para que em período recente se tenham unido entre si e com as diferentes ilhas oceânicas interpostas. Admito sem reserva a existência anterior de muitas ilhas, sepultadas hoje no mar, que serviram como etapas às plantas e a muitos animais durante suas emigrações. Nos oceanos em que se produzem corais, essas ilhas afundadas se assinalam agora pelos anéis de corais ou atóis que há sobre elas. Quando se admita por completo, como se admitirá algum dia, que cada espécie procedeu de um só lugar de origem, e quando, com o curso do tempo, saibamos algo preciso a respeito dos meios de distribuição poderemos discorrer com segurança a respeito da antiga extensão das terras. Mas não creio que se prove nunca que dentro do período moderno quase todos os nossos continentes, que atualmente se encontram quase separados, tenham estado unidos entre si e com as numerosas ilhas oceânicas existentes sem solução, ou quase sem solução, de continuidade. Diferentes fatos relativos à distribuição geográfica, tais como a grande diferença nas faunas marinhas nos lados opostos de quase todos os continentes, a estreita relação dos habitantes terciários de diferentes terras, e ainda mares, com os habitantes atuais, o grau de afinidade entre os mamíferos que vivem nas ilhas e os do continente mais próximo, determinado em parte, como veremos depois, pela profundidade do oceano que os separa, e outros fatos semelhantes, opõem-se à admissão das prodigiosas revoluções geográficas no período moderno, que são necessárias dentro da hipótese proposta por Forbes e admitida pelos que lhe seguem. A natureza e proporções relativas dos habitantes das ilhas oceânicas se opõem também à crença de sua antiga continuidade com os continentes, e a composição, quase sempre vulcânica dessas ilhas também não admite que sejam restos de continentes afundados, pois se primitivamente tivessem existido como cordilheiras de montanhas continentais, algumas das ilhas teriam sido formadas, como outros cumes de montanhas, de granito, xistos metamórficos, rochas fossilíferas antigas e outras rochas, em vez de consistir em simples massas de matéria vulcânica.

    Tenho de dizer algumas palavras a respeito do que se chamou meios acidentais de distribuição, mas que se chamariam melhor meios ocasionais de distribuição. Limitar-me-ei aqui às plantas. Nas obras botânicas afirma-se com frequência que esta ou aquela planta está mal adaptada para uma extensa dispersão; mas pode-se dizer que é quase por completo desconhecida a maior ou menor facilidade para seu transporte de um lado a outro do mar. Até que fiz, com ajuda a de senhor Berkeley, alguns experimentos; nem sequer se conhecia até que ponto as sementes podiam resistir à ação nociva da água do mar. Com surpresa encontrei que, de 87 classes de sementes, 64 germinaram depois de vinte e oito dias de imersão, e algumas sobreviveram depois de cento e trinta e sete dias de imersão. Merece citar-se que certas ordens foram bem mais prejudicados do que outras: testaram-se nove leguminosas e, exceto uma, resistiram mal à água salgada; sete espécies das ordens afins, hidrofiláceas e polemoniáceas, morreram todas com um mês de imersão. Por comodidade testei principalmente sementes pequenas sem as cápsulas ou os frutos carnosos, e como todas elas iam ao fundo ao cabo de poucos dias, não podiam atravessar boiando grandes espaços do mar, tivessem sido ou não prejudicadas pela água salgada; depois testei vários frutos carnosos, cápsulas etc., grandes, e alguns boiaram durante longo tempo. É bem conhecida a grande diferença que existe na flutuação entre as madeiras verdes e secas, e me ocorreu que as avenidas frequentemente têm de arrastar ao mar plantas ou ramos secos com as cápsulas ou os frutos carnosos aderidos a eles. Isso me levou, pois, a secar os troncos e ramos de 94 plantas com fruto maduro e a colocá-los em água de mar. A maioria foi ao fundo; mas algumas que, quando verdes, boiavam durante pouquíssimo tempo, boiaram secas bem mais tempo; por exemplo: as avelãs tenras foram ao fundo imediatamente; mas uma vez secas boiaram noventa dias e, plantadas depois, germinaram; um aspargo com bagos maduros boiou vinte e três dias; e seco boiou oitenta e cinco dias, as sementes depois germinaram; as sementes tenras de *Helosciadium* foram ao fundo aos dois dias; secas, boiaram uns noventa dias e depois germinaram. Em resumo: de 94 plantas secas, 18 boiaram mais de vinte e oito dias, e algumas dessas 18 boiaram durante um período muito maior; de maneira que, como 64/87 das espécies de sementes germinaram depois de colocadas em imersão, e 18/94 das diferentes espécies com frutos maduros – ainda que não todas fossem da mesma espécie que no experimento precedente – boiaram depois de secas, mais de vinte e oito dias, podemos concluir – até onde pode deduzir-se um pouco desse curto número de fatos – que as sementes de 14/100 das espécies de plantas de uma região poderiam ser levadas boiando pelas correntes marinhas durante vinte e oito dias e conservariam seu poder de germinação. No Atlas físico de Johnston, a média de velocidade das diferentes correntes do Atlântico é de 33 milhas diárias – algumas correntes levam a velocidade de 60 milhas diárias. Segundo essa média, as sementes do 14/100 das plantas de uma região poderiam atravessar boiando 924 milhas de mar, tentar chegar a outra região e, uma vez em terra, se fossem levadas para o interior pelo vento até lugar favorável, germinariam.

Depois de meus experimentos, o senhor Martens[8] fez outros semelhantes, mas de um modo muito melhor, pois colocou as sementes dentro de uma caixa no mesmo mar, de maneira que estavam alternativamente molhadas e expostas ao ar como plantas realmente flutuantes. Testou 98 sementes, em sua maioria diferentes das minhas, e escolheu muitos frutos grandes, e também sementes de plantas que vivem próximas ao mar, o qual tinha de ser favorável, tanto para a média de duração da flutuação como para a resistência à ação nociva da água salgada. Pelo contrário, não fazia secar previamente as plantas ou ramos com os frutos, e isso, como vimos, teria feito que algumas delas tivessem boiado bem mais tempo. O resultado foi que 18/98 de suas sementes de diferentes classes boiaram quarenta e dois dias, e depois foram capazes de germinar; ainda que não duvido que as plantas submetidas à ação das ondas boiassem durante menos tempo do que as protegidas contra os movimentos violentos, como ocorre em nossos experimentos. Portanto, talvez fosse mais seguro admitir do que as sementes de 10/100 aproximadamente, das plantas de uma flora, seriam capazes, depois de ter-se secado, boiando em um espaço a mais de 900 milhas de extensão germinando depois. O fato de que os frutos grandes muitas vezes boiem mais tempo do que os pequenos é interessante, pois as plantas com sementes ou frutas grandes, que, como demonstrou Alphonse De Candolle, têm geralmente distribuição geográfica limitada, dificilmente puderam ser transportadas por outros meios.

As sementes podem ser transportadas ocasionalmente de outro modo. Na maioria das ilhas inclusive nas que estão no centro dos maiores oceanos, o mar arroja lenhas flutuantes, e os habitantes das ilhas de corais do Pacífico usam pedras para suas ferramentas unicamente das raízes de árvores levadas pelas correntes, constituindo essas pedras um importante tributo real. Observei que quando entre as raízes das árvores ficam encaixadas pedras de forma irregular, ficam encerradas em seus interstícios e por trás deles pequenas quantidades de terra, tão perfeitamente, que nem uma partícula poderia ser arrastada pela água durante o mais longo transporte; procedentes de uma pequena quantidade de terra *completamente* encerrada desse modo pelas raízes de um carvalho, germinaram três plantas dicotiledôneas. Estou seguro da exatidão dessa observação. Além disso posso demonstrar que os corpos mortos das aves, quando boiam no mar, às vezes são devorados imediatamente, e muitas classes de sementes conservam, durante muito tempo, sua vitalidade no estômago das aves que boiam: as ervilhas e o grão-de-bico, por exemplo, morrem com só alguns dias de imersão na água do mar; mas alguns tirados do estômago de um pombo que esteve boiando trinta dias na água do mar artificial germinaram quase todas, para minha grande surpresa.

As aves vivas não podiam deixar de ser agentes eficientíssimos no transporte das sementes; poderia citar muitos fatos que demonstram a frequência com que aves de muitos tipos foram arrastadas por furacões a grandes distâncias no oceano. Podemos seguramente admitir que, nessas circunstâncias, sua velocidade de voo tem de ser com frequência de 35 milhas por hora e alguns autores a calcularam em bem mais. Nunca vi um exemplo de sementes alimentícias que passem por todo o intestino de uma ave; mas sementes duras de frutos carnosos passam sem alterar-se até pelos órgãos digestivos de um peru. No decorrer de dois meses recolhi em meu jardim, dos excrementos de pequenas aves, doze classes de sementes perfeitas, e algumas delas que foram testadas germinaram. Mas o fato seguinte é mais importante; o estômago das aves não segrega suco gástrico e não prejudica nem um pouco a germinação das sementes, segundo averiguei experimentalmente. Agora, quando uma ave encontrou e ingeriu uma grande quantidade de comida, afirmou-se positivamente que todas as sementes não passam pela moela antes de doze ou de dez e oito horas. Nesse intervalo, uma ave pode facilmente ser arrastada pelo vento a uma distância de 500 milhas, e é sabido que os falcões procuram as aves cansadas, e o conteúdo de seu estômago quando rasgado pode espalhar-se logo. Alguns falcões e corujas engolem suas presas inteiras, e depois de um intervalo de doze a vinte horas vomitam bolotas que, segundo sei por experimentos feitos nos *Zoological Gardens,* encerram sementes capazes de germinar.

Algumas sementes de aveia, trigo, proso milho, alpiste, cânhamo, trevo e beterraba germinaram depois de ter estado vinte ou vinte e uma horas nos estômagos de diferentes aves, e duas sementes de beterraba germinaram depois de ter estado nessas condições durante dois dias e quatorze horas. Vejo que os peixes de água doce comem sementes de muitas plantas de terra e de água; os peixes são frequentemente devorados por aves e, desse modo, as sementes poderiam ser transportadas de um lugar a outro. Introduzi muitas classes de sementes em estômagos de peixes mortos e depois os dei a águias pesqueiras, cegonhas e pelicanos; essas aves depois de muitas horas, devolveram as sementes em bolotas, ou as expulsaram com seus excrementos e variadas dessas sementes conservaram o poder de germinação. Certas sementes, no entanto, morreram sempre por esse procedimento.

Os gafanhotos são arrastados muitas vezes pelo vento a grande distância da terra; eu mesmo peguei um a 370 milhas da costa da África, e soube de outros recolhidos em distâncias maiores. O reverendo R. T. Lowe[9] comunicou a C. Lyell que, em novembro de 1844, chegaram à Ilha da Madeira nuvens de gafanhotos. Eram em quantidade inumerável, e tão grandes como os flocos de neve na maior nevasca, e se estendiam em altura até onde podiam ver-se com um telescópio. Durante dois ou três dias foram lentamente de um lado a outro, descrevendo uma imensa elipse de cinco ou seis milhas de diâmetro, e de noite pousavam nas árvores mais altas, que ficavam completamente cobertas por eles. Depois desapareceram em direção ao mar, tão subitamente como tinham aparecido, e desde então não voltaram à ilha. Os lavradores de algumas regiões do Natal acreditam, sem provas conclusivas, que as sementes nocivas são trazidas a suas pradarias pelos excrementos que as nuvens de gafanhotos deixam ao passar. Por causa dessa suposição, o senhor Weale[10] me enviou numa carta uma porção de bolinhas secas de excremento de gafanhoto, das quais separei ao microscópio diferentes sementes, e obtive delas sete gramíneas pertencentes a duas espécies de dois gêneros diferentes. Portanto, uma nuvem de gafanhotos como que apareceu na Ilha da Madeira pode facilmente ter sido o meio de introdução de diferentes tipos de plantas numa ilha situada longe do continente.

Ainda que o bico e as patas das aves geralmente estejam limpos, às vezes se lhes adere terra: num caso tirei da pata de uma perdiz 61 grãos de terra argilosa seca, e em outro caso, 22 grãos, e na terra havia uma pedrinha do tamanho de uma ervilha. Um exemplo melhor: um amigo me enviou uma pata de galinha d'angola com um bolo de terra seca colada ao tarso que pesava só 9 gramas e continha uma semente de junco-dos-sapos (*Juncus bufonius*), que germinou e floresceu. O senhor Swaysland, de Brighton, que durante os últimos quarenta anos prestou grande atenção a nossas aves emigrantes, informa-me que, com frequência, matou alvéola-cinzenta (*Motacilla*) e o cartaxo-do-norte (*Saxicola*), no momento de chegar a nossas costas, antes que tivessem pousado, e muitas vezes observou pequenos bolos de terra colados a seus pés. Poder-se-ia citar muitos fatos que mostram o quanto o nosso solo está carregado de sementes. Por exemplo, o professor Newton me enviou a pata de uma perdiz (*Caccabis rufa*) que tinha sido ferida e não podia voar, com uma bola de terra dura aderida, que pesava seis onças e meia. A terra foi conservada durante três anos, mas quando foi rompida, regada e colocada sob um sino de cristal saíram dela nada menos que 82 plantas: consistiam estas em 12 monocotiledôneas, entre elas a aveia comum e, pelo menos, outra espécie de gramínea, e em 70 dicotiledôneas que pertenciam, a julgar por suas folhas tenras, a três espécies diferentes, pelo menos. Com esses fatos à vista, podemos duvidar de que as muitas aves que anualmente são arrastadas pelas tormentas a grandes distâncias sobre o oceano e as muitas que anualmente emigram – por exemplo, os milhões de codornas que atravessam o Mediterrâneo – têm de transportar ocasionalmente umas poucas sementes enterradas no barro que se adere a suas patas e bicos? Mas terei de voltar sobre esse assunto.

Como é sabido que os *icebergs* estão às vezes carregados de terra e pedras, e que até transportaram ramos das árvores, ossos e o ninho de um pássaro terrestre, é fácil crer que ocasionalmente tenham sido transportadas, como foi sugerido por Lyell, sementes de uma parte a outra das regiões árticas e antárticas e, durante o período glacial, de uma parte a outra das regiões que hoje são temperadas. Nos Açores – pelo grande número de plantas comuns à Europa, em comparação com as espécies de outras ilhas do Atlântico que estão situadas mais próximas à terra firme e, como foi observado por H. C. Watson, por sua característica algo setentrional em comparação com a latitude – suspeitei que essas ilhas fossem em parte povoadas por sementes trazidas pelos gelos durante a época glacial. A meu pedido, C. Lyell escreveu ao senhor Hartung[11] perguntando-lhe se havia observado blocos erráticos nessas ilhas, e respondeu que tinham achado grandes pedaços de granito e de outras rochas que não se encontram no arquipélago. Portanto, podemos deduzir com segurança que os *icebergs* em outro tempo depositaram sua cota de pedras nas praias dessas ilhas oceânicas, e é pelo menos possível que possam ter levado a elas algumas sementes de plantas do norte.

Considerando que esses diferentes meios de transporte, e outros que indubitavelmente ainda não foram descobertos, tenham estado em atividade, ano após ano, durante dezenas de milhares de anos, seria, acredito, um fato maravilhoso que muitas plantas não tivessem chegado a ser transportadas para muito longe. Esses meios de transporte são às vezes chamados *acidentais;* mas isso não é rigorosamente correto: as correntes marinhas não são acidentais, nem também não o é a direção dos ventos predominantes. Temos de observar que quase nenhum meio de transporte pode levar as sementes a distâncias muito grandes, pois as sementes não conservam sua vitalidade se estão expostas durante muito tempo à ação do mar, nem podem também ser levadas muito tempo no estômago ou intestinos das aves. Esses meios, no entanto, bastariam para o transporte ocasional através de extensões de mar a 100 milhas de distância, de ilha a ilha, ou de um continente a uma ilha vizinha, mas não de um continente a outro muito distante. As floras de continentes muito distantes não chegaram a misturar-se por esses meios e tiveram de permanecer tão diferentes como o são atualmente.

As correntes, por sua direção, nunca trouxeram sementes da América do Norte à Inglaterra, ainda que pudessem trazê-las, e trazem, das Antilhas à nossa costa, sementes que, não tendo morrido por sua extensíssima imersão na água salgada, não puderam resistir ao nosso clima. Quase todos os anos uma ou duas aves marinhas são arrastadas pelo vento através de todo o oceano Atlântico, desde a América do Norte à costa ocidental da Irlanda e Inglaterra; mas as sementes não poderiam ser transportadas por esses raros viajantes, mas pelo barro aderido a suas patas ou bico, o que constitui por si mesmo uma rara casualidade. Mesmo nesse caso, quão poucas probabilidades teria uma semente de cair num solo favorável e chegar a completo desenvolvimento! Seria um grande erro alegar que uma ilha bem povoada, como a Grã-Bretanha, não recebeu – até onde se sabe, e seria dificílimo o prová-lo – nestes últimos séculos imigrantes da Europa ou de outro continente por esses meios ocasionais de transporte, não tenha que receber imigrantes por meios semelhantes uma ilha pobremente povoada, mesmo estando situada muito longe da terra firme. De cem tipos de sementes ou animais transportados a uma ilha, ainda que esteja muito menos povoada que a Grã-Bretanha, talvez mais de um se adapte à sua nova pátria chegando a se aclimatar.

Mas esse não é um argumento válido contra o que os meios ocasionais de transporte teriam realizado durante o longo lapso de tempo geológico durante o qual a ilha ia se levantando antes que tivesse sido povoada por completo de habitantes. Em terra quase nua, na qual vivem insetos e aves pouco ou nada destruidores, qualquer semente que tenha a sorte de chegar tem de germinar e sobreviver, se se adaptar ao clima.

Dispersão Durante o Período Glacial

A identidade de muitas plantas e animais nos cumes de montanhas separadas por centenas de milhas de terras baixas, nas quais não poderiam existir espécies alpinas, é um dos casos conhecidos mais atraentes de que as mesmas espécies vivam em pontos muito distantes sem possibilidade aparente de que tenham emigrado de um ponto a outro. É verdadeiramente um fato notável ver tantas plantas da mesma espécie vivendo nas regiões nevadas dos Alpes e dos Pirineus e nas partes mais setentrionais da Europa, mas é um fato bem mais notável que as plantas das White Mountains dos Estados Unidos da América sejam todas as mesmas do que as da península do Labrador, e quase as mesmas, segundo diz Asa Gray, que as das montanhas mais elevadas da Europa. Já em 1747 esses fatos levaram Gmelin[12] à conclusão de que as mesmas espécies tinham de ter sido criadas independentemente em muitos pontos diferentes, e teríamos de ter permanecido nessa mesma crença se Agassiz[13] e outros não tivessem chamado vivamente a atenção sobre o período glacial que, como veremos imediatamente, contribui com uma explicação singela desses fatos. Temos provas de quase todas as classes imagináveis – tanto procedentes do mundo orgânico como do inorgânico – de que num período geológico muito recente Europa Central e América do Norte sofreram um clima ártico. As ruínas de uma casa destruída pelo fogo não refeririam sua história mais claramente do que as montanhas de Escócia e Gales, com suas ladeiras estriadas, superfícies polidas e blocos rochosos suspendidos, que nos falam das geladas correntes que não faz muito enchiam seus vales. Tanto mudou o clima da Europa, que no norte da Itália estão agora cobertas de videiras e milho gigantescas encostas deixadas pelos antigos glaciais. Em toda uma grande parte dos Estados Unidos, os blocos erráticos e as rochas estriadas revelam claramente um período anterior de frio.

A antiga influência do clima glacial na distribuição dos habitantes da Europa, segundo explica Edward Forbes, é em resumo a seguinte: seguiremos as mudanças mais facilmente supondo que vem, pouco a pouco um novo período glacial e que depois passa, como antes ocorreu. Quando o frio aumentou, e quando as zonas mais meridionais chegaram a ser apropriadas para os habitantes do Norte, esses ocuparam os lugares dos primitivos habitantes das regiões temperadas; estes últimos, ao mesmo tempo, se transladaram cada vez mais para o Sul, a não ser que fossem detidos por obstáculos, caso em que pereceram; as montanhas ficaram cobertas de neve e gelo, e seus habitantes primitivos alpinos desceram às planícies. Quando o frio atingiu seu máximo, teríamos tido uma fauna e flora árticas cobrindo as partes centrais da Europa, chegando ao Sul até os Alpes e Pirineus e ainda estendendo-se à Espanha. As regiões atualmente temperadas dos Estados Unidos teriam estado também cobertas de plantas e animais árticos, que teriam sido, com pouca diferença, os mesmos que os da Europa, pois os atuais habitantes circumpolares, que supomos que tenham marchado de todas as partes para o Sul, são notavelmente uniformes nessas partes.

Ao voltar o calor, as formas árticas se retiraram para o Norte, seguidas de perto, em sua retirada, pelas produções das regiões temperadas. E ao fundir-se a neve nas bases das montanhas as formas árticas se apoderaram do solo degelado e desembaraçado, ascendendo sempre, cada vez mais alto, à medida que aumentava o calor e a neve seguia desaparecendo, enquanto suas irmãs prosseguiam sua viagem para o Norte. Portanto, quando o calor voltou por completo, as mesmas espécies que anteriormente tinham vivido juntas nas terras baixas da Europa e América do Norte se encontraram de novo nas regiões árticas do Velho Mundo e do Novo e em muitos cumes de montanhas isoladas muito distantes umas de outras.

Desse modo podemos compreender a identidade de muitas plantas em pontos tão extraordinariamente distantes como as montanhas dos Estados Unidos e as da Europa. Podemos assim compreender o fato de que as plantas alpinas de cada cordilheira estejam mais particularmente relacionadas com as formas árticas que vivem exatamente ao Norte, ou quase exatamente ao norte delas, pois a primeira migração, quando chegou o frio, e a migração em sentido inverso, à volta do calor, deve ter sido, em geral, exatamente de Norte a Sul. As plantas alpinas, por exemplo, da Escócia, como observou H. C. Watson, e as dos Pirineus, como observou Ramond, estão especialmente relacionadas com as plantas do norte da Escandinávia; as dos Estados Unidos, com as do Labrador; as das montanhas da Sibéria, com as das regiões árticas deste país. Essas deduções, baseadas, como estão, na existência perfeitamente demonstrada de um período glacial anterior, parece-me que explicam de modo tão satisfatório a distribuição atual das produções alpinas e árticas da Europa e América que, quando em outras regiões encontramos as mesmas espécies em cumes distantes, quase podemos deduzir, sem outras provas, que um clima mais frio permitiu em outro tempo sua emigração, atravessando as terras baixas interpostas, que atualmente são já demasiado quentes para sua existência.

Como as formas árticas se transladaram primeiro para o Sul e depois retrocederam para o Norte, que uníssono com a mudança de clima, não estiveram submetidas durante suas longas migrações a uma grande diversidade de temperaturas e, como todas elas emigraram juntas, suas relações mútuas não se terão alterado muito. Portanto, segundo os princípios repetidos neste livro, essas formas não terão sofrido grandes modificações. Mas o caso terá sido algo diferente para as produções alpinas que, desde o momento da volta do calor, ficaram isoladas, primeiro na base das montanhas e finalmente em seus cumes; pois não é provável que o mesmo conjunto de espécies árticas tenha ficado em cordilheiras muito distantes entre si e tenha sobrevivido depois. O provável é que essas espécies se tenham misturado com antigas espécies alpinas que devem ter existido nas montanhas antes do princípio da época glacial e que durante o período mais frio foram temporariamente forçadas a baixar às planícies.

Aquelas espécies têm estado além disso submetidas a influências diferentes de clima; suas relações mútuas terão sido assim alteradas em certo grau e em consequência as espécies terão estado sujeitas a variação e se terão modificado; pois, se comparamos as plantas e animais alpinos atuais das diferentes cordilheiras principais da Europa, ainda que muitas das espécies permaneçam idênticas, algumas existem como variedades, outras como formas duvidosas ou subespécies e outras como espécies diferentes, mas muito afins, que se representam mutuamente nas diferentes cordilheiras.

No exemplo precedente supusemos que no começo de nosso imaginário período glacial as produções árticas eram tão uniformes em todas as regiões polares como o são hoje em dia; mas é também necessário admitir que muitas formas subárticas e algumas dos climas temperados eram as mesmas em todo o mundo, pois algumas das espécies que agora existem na base das montanhas e nas planícies do norte da América e da Europa são as mesmas. Pode-se perguntar como se explica essa uniformidade das formas subárticas e de clima temperado, em todo o mundo, no princípio do verdadeiro período glacial. Atualmente as produções subárticas e das regiões temperadas do Norte, no Velho Mundo e no Novo, estão separadas por todo o oceano Atlântico e pela parte norte do Pacífico. Durante o período glacial, quando os habitantes do Velho Mundo e do Novo viviam bem mais ao sul do que vivem atualmente, tiveram que estar separados entre si ainda mais completamente por espaços maiores do oceano; de maneira que pode muito bem se perguntar como é que as mesmas espécies puderam então, ou antes, ter chegado aos dois continentes. A explicação, a meu ver, está na natureza do clima antes do começo do período glacial. Naquela época, ou seja, o período plioceno mais moderno, a maioria dos habitantes do mundo era especificamente o mesmo que agora, e temos razões suficientes para crer que o clima era mais quente que na atualidade. Portanto, podemos supor que os organismos que atualmente vivem a 60o de latitude viviam durante o período plioceno mais ao Norte, no círculo polar, a 66o-67o de latitude, e que as produções árticas atuais viviam então na terra fragmentada ainda mais próxima ao polo. Assim sendo, se considerarmos o globo terrestre, vemos que no círculo polar há terra quase contínua desde o oeste da Europa, pela Sibéria, até o leste da América, e essa continuidade de terra circumpolar, com a consequente liberdade, num clima mais favorável para emigrações mútuas, explicará a suposta uniformidade das produções subárticas e de clima temperado do Velho Mundo e do Novo num período anterior à época glacial.

Crendo, pelas razões que antes se indicaram, que os continentes atuais permaneceram muito tempo quase nas mesmas situações relativas, ainda que sujeitos a grandes oscilações de nível, inclino-me muito a estender a hipótese precedente, até deduzir que durante um período anterior mais quente, como o período plioceno antigo, nas terras circumpolares, que eram quase ininterruptas, vivia um grande número de plantas e animais iguais, e que essas plantas e animais, tanto no Velho

Mundo como no Novo, começaram a emigrar para o Sul quando o clima se fez menos quente, muito antes do princípio do período glacial. Atualmente vemos, acredito, seus descendentes, a maioria deles num estado modificado, nas regiões centrais da Europa e dos Estados Unidos. Segundo essa opinião, podemos compreender o parentesco e rara identidade entre as produções da América do Norte e da Europa, parentesco que é notável, considerando-se a distância dos dois territórios e sua separação por todo o oceano Atlântico. Podemos compreender, além disso, o fato singular, sobre o qual chamaram a atenção diferentes observadores, de que as produções da Europa e América nos últimos estágios terciários estavam mais relacionadas do que o estão atualmente, pois durante esses períodos mais quentes as partes do norte do Velho Mundo e do Novo devem ter estado unidas, quase sem interrupção, por terra, que serviria como ponte – que o frio depois fez intransitável – para as emigrações recíprocas de seus habitantes.

Durante a lenta diminuição do calor no período plioceno, tão logo é as espécies comuns que viviam no Velho Mundo e no Novo emigraram ao sul do círculo polar, ficaram completamente separadas. Essa separação, no que se refere às produções de clima mais temperado, devem ter ocorrido há muito tempo. Ao emigrar para o Sul, as plantas e animais tiveram de se misturar numa grande região com as produções nativas americanas, e teriam de competir com elas, e em outra grande região com as do Velho Mundo. Portanto, temos nesse caso algo favorável às modificações grandes, a modificações muito maiores do que as das produções alpinas que ficaram isoladas, num período bem mais recente, nas diferentes cordilheiras nas terras árticas da Europa e América do Norte. Consequentemente, quando comparamos as produções que vivem atualmente nas regiões temperadas do Novo Mundo e do Antigo, encontramos poucas espécies idênticas – ainda que Asa Gray tenha mostrado que ultimamente há mais plantas idênticas do que antes se supunha – e do que encontramos, em mudança, em todas as classes principais; há muitas formas, que uns naturalistas consideram como raças geográficas e outros como espécies diferentes, e uma legião de formas representativas, ou muito afins, que são consideradas por todos os naturalistas como especificamente diferentes.

Assim como na terra, no mar, uma lenta emigração da fauna marinha para o Sul, que durante o plioceno, ou até num período anterior, foi quase uniforme ao longo da ininterrupta costa do círculo polar, explicará, dentro da teoria da modificação, porque hoje vivem espécies afins em regiões completamente separadas. Assim, acredito, podemos compreender a presença nas costas orientais e ocidentais da parte temperada do norte da América de algumas formas muito próximas, ainda exigentes ou terciárias extintas, e explicará também o fato ainda mais atraente de que vivam no Mediterrâneo e nos mares do Japão muitos crustáceos – segundo se descreve na admirável obra de Dana – alguns peixes e outros animais marinhos muito afins, apesar de estarem completamente separadas estas duas regiões por um continente inteiro e imensas extensões de oceano.

Dentro da teoria da criação, são inexplicáveis estes casos de parentesco próximo entre espécies que vivem atualmente ou viveram em outro tempo no mar, na costa oriental e ocidental da América do Norte, no Mediterrâneo e no Japão, e nas terras temperadas da América do Norte e Europa. Não podemos sustentar que estas espécies tenham sido criadas semelhantes em relação às condições físicas, quase iguais, das regiões; pois se comparamos, por exemplo, determinadas partes da América do Sul com partes da África meridional ou da Austrália, vemos regiões, muito semelhantes em todas suas condições físicas, cujos habitantes são completamente diferentes.

Alternância de Períodos Glaciais no Norte e no Sul

Mas temos de voltar a nosso assunto principal. Estou convicto de que a opinião de Forbes pode generalizar-se muito. Na Europa nos encontramos com as provas mais claras do período glacial, desde a costa ocidental da Grã-Bretanha, até a cordilheira dos Montes Urais e, para o Sul, até os Pirineus. Podemos deduzir dos mamíferos congelados e da natureza da vegetação das montanhas, que na Sibéria sofreu igual influência. No Líbano, segundo o doutor Hooker, as neves perpétuas cobriam em outros tempos o eixo central e alimentavam glaciais que baixavam a 4.000 pés pelos vales. O mesmo observador encontrou recentemente grandes encostas a um nível baixo na cordilheira do Atlas, no norte da África. No Himalaia, em pontos separados por 900 milhas, os glaciais deixaram sinais de seu passado escarpas muito baixas, e em Sikkim, o doutor Hooker viu milho que crescia em antigas encostas gigantescas. Ao sul do continente asiático, no outro lado do Equador, sabemos, pelas excelentes investigações do doutor J. Haast e do doutor

Hector, que na Nova Zelândia, em outro tempo, imensos glaciais desceram até um nível baixo, e as plantas iguais encontradas pelo doutor Hooker em montanhas muito distantes dessa ilha nos reportam à mesma história de um período frio anterior. Dos fatos que me comunicou o reverendo W. B. Clarke resulta também que há impressões de ação glacial anterior nas montanhas do extremo sudeste da Austrália.

No que se refere à América, em sua metade norte se observaram fragmentos de rocha transportados pelo gelo, no lado leste do continente, até a latitude de 360-370, e nas costas do Pacífico, onde atualmente o clima é tão diferente, até a latitude de 460. Também se assinalaram blocos erráticos nas Montanhas Rochosas. Na América do Sul, na cordilheira dos Andes, quase no Equador, os glaciais chegavam em outro tempo bem mais abaixo de seu nível atual. Na região central do Chile examinei um grande acúmulo de detritos com grandes pedras que cruzavam o vale do Portillo, e que raramente pode duvidar-se de que em outro tempo constituíram uma encosta gigantesca; D. Forbes me informou que em diferentes partes da cordilheira dos Andes, entre 130 e 300 de latitude Sul, encontrou, aproximadamente à altura de 12.000 pés, rochas profundamente estriadas, semelhantes àquelas com que estava familiarizado na Noruega e igualmente grandes massas de detritos com seixos estriados. Em toda essa extensão da cordilheira dos Andes não existem atualmente verdadeiros glaciais, nem mesmo em alturas bem mais consideráveis. Mais ao Sul, de ambos os lados do continente, desde o 410 de latitude até o extremo mais meridional, temos as provas mais evidentes de uma ação glacial anterior, num grande número de blocos transportados para longe de seu lugar de origem.

Por esses diferentes fatos, ou seja, porque a ação glacial se estendeu por todas as partes nos hemisférios boreal e austral, porque esse período foi recente, em sentido geológico, em ambos os hemisférios, por ter perdurado em ambos muito tempo, como pode deduzir-se da quantidade de trabalho efetuado e, finalmente, por terem descido recentemente os glaciais até um nível baixo em toda a cordilheira dos Andes, pareceu-me um tempo que era indubitável a conclusão de que a temperatura de toda a terra tinha descido simultaneamente no período glacial. Mas agora Croll, numa série de admiráveis Memórias, tentou demonstrar que um clima glacial é o resultado de diferentes causas físicas, postas em atividade por um aumento na excentricidade da órbita da terra. Todas essas causas tendem para o mesmo fim; mas a mais potente parece ser a influência indireta da excentricidade da órbita nas correntes oceânicas. Segundo senhor Croll, os períodos de frio se repetem regularmente a cada dez ou quinze mil anos, e esses são extremamente rigorosos a extensíssimos intervalos, devido a certas circunstâncias, a mais importante das quais, como demonstrou C. Lyell, é a posição relativa das terras e das águas. Croll crê que o último grande período glacial ocorreu há duzentos e quarenta mil anos, aproximadamente, e durou, com pequenas alterações de climas, uns cento e sessenta mil. No que se refere a períodos glaciais mais antigos, diferentes geólogos estão convictos, por provas diretas, que esses períodos glaciais ocorreram durante as formações miocênica e eocênica, para não mencionar formações ainda mais antigas. Mas o resultado mais importante para nós a que chegou Croll é de que sempre que o hemisfério norte passa por um período frio, a temperatura do hemisfério sul aumenta positivamente, por se tornarem os invernos mais suaves, devido principalmente a mudanças na direção das correntes oceânicas. Outro tanto ocorrerá no hemisfério norte quando o hemisfério sul passar por um período glacial. Essa conclusão projeta tanta luz sobre a distribuição geográfica, que me inclino muito a lhe dar crédito; mas indicarei primeiro os fatos que necessitam de uma explicação.

O doutor Hooker demonstrou que na América do Sul, além de muitas espécies muito afins, mais de quarenta ou cinquenta plantas fanerógamas da Terra do Fogo – que constituem uma parte não desprezível de sua escassa flora – serem comuns à América do Norte e Europa, apesar de estarem em territórios enormemente distantes em hemisférios opostos. Nas gigantescas montanhas da América equatorial existem muitas espécies peculiares pertencentes a gêneros europeus. Nos montes mais elevados do Brasil, Gardner encontrou alguns gêneros das regiões temperadas da Europa, alguns antárticos e alguns dos Andes que não existem nas cálidas regiões baixas intermediárias. Na Silla de Caracas, o ilustre Humboldt encontrou muito antes espécies pertencentes a gêneros característicos da cordilheira dos Andes.

Na África se apresentam nas montanhas da Abissínia várias formas características e algumas representativas da flora do Cabo da Boa Esperança. No Cabo da Boa Esperança se encontra um reduzido número de espécies europeias que se supõe que não foram introduzidas pelo homem, e nas montanhas se encontram várias formas europeias representativas que não foram descobertas nas regiões intertropicais da África. O doutor Hooker, recentemente, demonstrou também que várias das plantas que vivem nas regiões superiores da elevada ilha de Fernando Pó e nos vizinhos montes de Camarões, no golfo de Guiné, estão muito relacionadas com as das montanhas da Abissínia e também com as das regiões temperadas da Europa. Atualmente também parece, segundo me diz o doutor Hooker, que algumas dessas mesmas plantas de climas temperados foram descobertas pelo reverendo T. Lowe nas montanhas das ilhas de Cabo Verde. Essa extensão das mesmas formas de clima temperado, quase no Equador, através de todo o continente da África e até as montanhas do arquipélago de Cabo Verde, é um dos fatos mais assombrosos que em todo tempo se registraram na distribuição das plantas.

No Himalaia e nas cordilheiras isoladas da península da Índia, nas alturas de Ceilão e nos cones vulcânicos de Java se apresentam muitas plantas, já idênticas, já mutuamente representativas, e ao mesmo tempo plantas representativas da Europa, que não se encontram nas cálidas regiões baixas intermediárias. Uma lista de gêneros de plantas recolhidas nos picos mais altos de Java evoca a recordação de uma colheita feita numa colina da Europa! Ainda é mais atraente o fato de que formas peculiares australianas estão representadas por determinadas plantas que crescem nos cumes das montanhas de Bornéu. Algumas dessas formas australianas, segundo me diz o doutor Hooker, estendem-se pelas alturas da península de Malaca, e estão ligeiramente disseminadas, de uma parte, pela Índia e, de outra, chegam pelo norte até o Japão.

Nas montanhas meridionais da Austrália, o doutor F. Muller descobriu várias espécies europeias; nas terras baixas se apresentam outras espécies não introduzidas pelo homem e, segundo me informa o doutor Hooker, pode dar-se uma longa lista de gêneros europeus encontrados na Austrália e não nas regiões tórridas intermediárias. Na admirável *Introduction to the Flora of New Zealand,* do doutor Hooker, citam-se fatos análogos notáveis relativos a plantas daquela grande ilha. Vemos, pois, que determinadas plantas que crescem nas mais altas montanhas dos trópicos em todas as partes do mundo e nas planícies temperadas do Norte e do Sul são as mesmas espécies ou variedades das mesmas espécies. Temos de observar, no entanto, que essas plantas não são formas estritamente árticas, pois, como H. C. Watson assinalou, "ao afastar-se das latitudes polares, em direção às equatoriais, as floras alpinas, ou de montanha, vão se tornando realmente cada vez menos árticas". Além dessas formas idênticas ou muito próximas, muitas espécies que vivem nestes mesmos territórios, separadas por tanta distância, pertencem a gêneros que atualmente não se encontram nas terras baixas tropicais e intermediárias.

Essas breves observações se aplicam só às plantas; mas poderiam citar-se alguns fatos análogos relativos aos animais terrestres. Nos seres marinhos ocorrem também casos semelhantes; como exemplo posso citar uma afirmação de uma altíssima autoridade, o professor Dana: "É certamente um fato assombroso que os crustáceos da Nova Zelândia tenham maior semelhança com sua antípoda Grã-Bretanha do que com qualquer outra parte do mundo". J. Richardson fala também da reaparição de formas setentrionais de peixes nas costas da Nova Zelândia, Tasmânia etc. O doutor Hooker me informa de que vinte e cinco espécies de algas são comuns na Nova Zelândia e na Europa; mas não foram achadas nos mares tropicais intermediários.

Pelos fatos precedentes – presença de formas de clima temperado nas regiões elevadas por toda a África equatorial e ao longo da península da Índia, até o Ceilão e o arquipélago Malaio e, de modo menos marcante, por toda a grande extensão tropical da América do Sul – parece quase seguro que em algum período anterior, indubitavelmente durante a parte mais rigorosa do período glacial, as terras baixas desses grandes continentes estiveram habitadas no Equador por um considerável número de formas de clima temperado. Nesse período o clima equatorial ao nível do mar era provavelmente quase igual aquele que agora se experimenta nas mesmas latitudes às alturas de 5.000 a 6.000 pés, ou até um pouco mais frio. Durante o período mais frio as terras baixas do Equador tiveram de se cobrir de vegetação misturada de tropical e de clima temperado, como a que Hooker descreve, crescendo exuberante à altura de 4.000 a 5.000 pés nas vertentes inferiores do Himalaia, mesmo que talvez com uma preponderância ainda maior de formas de clima temperado. Assim também na montanhosa ilha de Fernando Pó, golfo de Guiné, o senhor Mann encontrou formas europeias de clima temperado que começam a aparecer a uns 5.000 pés de altura. Nas montanhas do Panamá, à altura de só 2.000 pés, o doutor Seemann afirmou que a vegetação era semelhante à do México com formas da zona tórrida misturadas harmoniosamente com as da temperada".

Vejamos agora se a conclusão de Croll, se, quando o hemisfério norte sofria o frio extremo do grande período glacial o hemisfério sul estava realmente mais quente, esclarece a distribuição atual, inexplicável na aparência, de diferentes organismos nas regiões temperadas de ambos os hemisférios e nas montanhas dos trópicos. O período glacial, medido por anos, deve ter sido muito longo e, se recordamos os imensos espaços por que se estenderam em poucos séculos algumas plantas e animais adaptados, esse período terá sido suficiente para qualquer emigração. Sabemos que as formas árticas, quando o frio foi se tornando mais e mais intenso, invadiram as regiões temperadas, e pelos fatos que se acabam de citar não deve haver dúvida de que algumas das formas mais vigorosas, predominantes e mais estendidas invadiram as regiões baixas equatoriais. Os habitantes dessas cálidas regiões baixas teriam de emigrar ao mesmo tempo às regiões tropical e subtropical do sul, pois o hemisfério sul era mais quente nesse período. Ao decair o período glacial, como ambos os hemisférios recobraram suas temperaturas primitivas, as formas de clima temperado do Norte, que viviam nas regiões baixas do Equador, seriam forçadas a voltar a sua primitiva região ou seriam destruídas, sendo substituídas pelas formas equatoriais que voltavam do Sul. Algumas, no entanto, das formas temperadas do Norte é quase seguro que ascenderiam a algum habitat alto próximo, onde, sendo suficientemente elevado, sobreviveriam muito tempo, como as formas árticas nas montanhas da Europa.

Ainda que o clima não fosse perfeitamente adequado para elas, sobreviveriam, pois, a mudança de temperatura foi muito lenta, e as plantas possuem, indubitavelmente, certa faculdade de aclimatação, como o demonstram pela transmissão a sua descendência de força e constituição diferentes para resistir ao calor e ao frio.

Seguindo o curso regular dos acontecimentos, o hemisfério sul estaria sujeito a severo período glacial e o hemisfério norte se tornaria mais quente e então as formas de clima temperado do Sul invadiriam as terras baixas equatoriais. As formas do Norte que tinham ficado antes nas montanhas desceriam então e se misturariam com as do sul. Essas últimas, ao voltar o calor, voltaram a sua pátria primitiva, deixando algumas espécies nas montanhas e levando para o Sul consigo algumas das espécies setentrionais de clima temperado que tinham baixado de seus refúgios das montanhas. Desse modo teríamos um pequeno número de espécies identicamente iguais nas zonas temperadas do Norte e do Sul e nas montanhas das regiões intermediárias tropicais. Mas as espécies, ao ficar durante muito tempo nas montanhas ou em hemisférios opostos, teriam de competir com muitas formas novas e estariam expostas a condições físicas diferentes; estariam, portanto, muito sujeitas a modificação, e têm de existir agora, em geral, como variedades ou como espécies representativas, e isso é o que ocorre. Devemos também compreender a existência em ambos os hemisférios de períodos glaciais anteriores, pois esses explicariam, segundo os mesmos princípios, as muitas espécies bem diferentes que vivem em regiões análogas muito separadas e que pertencem a gêneros que não se encontram agora nas zonas tórridas intermediárias.

É um fato notável, sobre o qual insistiram energicamente Hooker, no que se refere à América e Alphonse de Candolle, no que se refere a Austrália, que muitas espécies idênticas, ou ligeiramente modificadas, emigraram mais de Norte a Sul do que em sentido inverso. Vemos, no entanto, algumas formas do Sul nas montanhas de Bornéo e da Abissínia. Presumo que essa emigração preponderante de Norte a Sul seja devida à maior extensão de terras no Norte e que as formas do Norte existiram em sua própria pátria em maior número e, em consequência foram levadas, por seleção e concorrência, a um grau superior de perfeição ou faculdade de domínio que as formas do Sul. E assim, quando os dois grupos se misturaram nas regiões equatoriais, durante as alternativas dos períodos glaciais, as formas do Norte foram as mais potentes e foram capazes de conservar seus lugares nas montanhas e de emigrar depois para o Sul, junto com as formas meridionais; mas as formas do Sul não puderam fazer o mesmo, em relação com as formas setentrionais. Do mesmo modo, atualmente vemos que muitíssimas produções europeias cobrem o solo na planície do Prata, na Nova Zelândia e, em menor grau, na Austrália, e derrotaram as nativas, enquanto pouquíssimas formas do Sul se adaptaram em alguma parte do hemisfério norte, apesar de que foram importadas à Europa durante os dois ou três séculos últimos, de La Plata, e nos quarenta ou cinquenta anos últimos, da Austrália, grande quantidade de couros, lãs e outros objetos a propósito de transportar sementes. Os montes Neilgherrie, na Índia, oferecem, no entanto, uma exceção parcial, pois ali, segundo me diz o doutor Hooker, formas australianas espontaneamente se estão semeando e adaptando com rapidez. Antes do último grande período glacial, indubitavelmente as montanhas intertropicais estiveram povoadas de formas alpinas próprias; mas estas, em quase todas as partes, cederam ante formas mais poderosas, produzidas nos territórios maiores e nos ateliês mais ativos do Norte. Em muitas ilhas, as produções que se adaptaram quase se igualam e até superam, em número as produções nativas, e esse é o primeiro passo para sua extinção. As montanhas são ilhas sobre a terra, e seus habitantes sucumbiram ante os produzidos nos territórios maiores do Norte, exatamente do mesmo modo que os habitantes das ilhas verdadeiras cederam em todas as partes, e estão ainda cedendo, ante as formas continentais adaptadas pela mão do homem.

Os mesmos princípios se aplicam à distribuição dos animais terrestres e das produções marinhas nas zonas temperadas do Norte e do Sul e nas montanhas intertropicais. Quando, durante o apogeu do período glacial, as correntes oceânicas eram muito diferentes do que são agora, alguns dos habitantes dos mares temperados puderam ter chegado ao Equador; desses, um reduzido número seria talvez capaz de emigrar em seguida para o Sul, mantendo-se dentro das correntes mais frias, enquanto outros tiveram de permanecer e sobreviver em profundidades mais frias, até que o hemisfério sul foi por sua vez submetido a um clima glacial que lhes permitiu continuar sua marcha; quase da mesma maneira que, segundo Forbes, existem atualmente, nas partes mais profundas dos mares temperados do Norte, espaços isolados habitados por produções árticas.

Estou longe de supor que, dentro das hipóteses que se acabam de expor, fiquem eliminadas todas as dificuldades referentes à distribuição e afinidades das espécies idênticas e próximas que atualmente vivem tão separadas no Norte e no Sul e, às vezes, nas cordilheiras intermediárias. As rotas exatas de emigração não podem ser assinaladas; não podemos dizer por que certas espécies emigraram e outras não; por que determinadas espécies se modificaram e deram origem a novas formas, enquanto outras permaneceram invariáveis. Não podemos esperar explicar esses fatos até que possamos dizer por que uma espécie e não outra chega a se habituar pela ação do homem a um habitat estranho, por que uma espécie, em sua própria pátria, estende-se o dobro ou o triplo que outra e é duas vezes ou mais abundante.

Ficam também por resolver diferentes dificuldades especiais, por exemplo, a presença, como demonstrou Hooker, das mesmas plantas em pontos tão enormemente separados como a Terra de Kerguelen, Nova Zelândia e a Terra do Fogo; mas os *icebergs,* segundo sugeriu Lyell, podem ter influído em sua dispersão. É um caso muito notável a existência neste e outros pontos do hemisfério sul de espécies que, ainda que diferentes, pertencem a gêneros exclusivamente limitados ao hemisfério norte. Algumas dessas espécies são tão diferentes, que não podemos supor que desde o começo do último período glacial tenha tido tempo para sua emigração e consequente modificação no grau requerido. Os fatos parecem indicar que espécies diferentes, pertencentes aos mesmos gêneros, emigraram segundo linhas que irradiam de um centro comum e me inclino a observar com atenção, tanto no hemisfério norte como no hemisfério sul, num período anterior e mais quente, antes do começo do último período glacial, quando as terras antárticas, cobertas agora de gelo, mantinham uma flora isolada extraordinariamente peculiar. Pode presumir-se que, antes que essa flora fosse exterminada durante a última época glacial, um reduzido número de formas se tinha dispersado já muito longe até diferentes pontos do hemisfério sul pelos meios ocasionais de transporte, já mediante o auxílio, como etapas, de ilhas atualmente afundadas. Assim, a costa meridional da América, da Austrália e da Nova Zelândia podem ter sido ligeiramente enfatizadas pelas mesmas formas orgânicas peculiares.

C. Lyell, numa notável passagem, discutiu em termos quase idênticos aos meus os efeitos das grandes alterações de clima sobre a distribuição geográfica do mundo inteiro, e agora temos visto que a conclusão do senhor Croll, de que os sucessivos períodos glaciais num hemisfério coincidem com períodos quentes no hemisfério oposto, unida à admissão da modificação lenta das espécies, explica uma pluralidade de fatos na distribuição das mesmas formas orgânicas e das formas afins em todas as partes do mundo. As correntes de vida fluíram durante um período desde o Norte, e durante outro desde o Sul, e em ambos os casos chegaram ao Equador; mas a corrente da vida fluiu com maior força desde o Norte que na direção oposta e, por consequência, inundou mais amplamente o hemisfério sul. Bem como a maré deixa em linhas horizontais os restos que leva, ficando estes à maior altura nas praias em que atinge o máximo possível, de igual modo as correntes de vida deixaram seus restos vivos nos cumes de nossas montanhas, formando uma linha que ascende suavemente desde as terras baixas árticas até uma grande altitude no Equador. Os diferentes seres que ficaram abandonados desse modo podem comparar-se com as raças humanas selvagens que foram empurradas para as montanhas e que sobrevivem em redutos montanhosos de quase todas as regiões, que servem como depoimento, cheio de interesse para nós, dos habitantes primitivos das terras baixas circundantes.

Capítulo XIII

Distribuição Geográfica

(Continuação)
Distribuição das produções de água doce – Dos habitantes das ilhas oceânicas – Ausência de batráquios e de mamíferos terrestres – Das relações dos habitantes das ilhas com os da terra firme mais próxima – Da colonização procedente da origem mais próxima com modificações subsequentes – Resumo deste capítulo e do anterior

Produções de Água Doce

Como os lagos e bacias são separados uns de outros por barreiras de terra, poderia supor-se que as produções de água doce não se tivessem estendido a grande distância dentro do mesmo habitat e como o mar é evidentemente um obstáculo ainda mais formidável, poderia supor-se que nunca se tivessem estendido até regiões distantes. Não somente muitas produções de água doce, pertencentes a diferentes classes, têm uma enorme distribuição geográfica, senão que espécies afins prevaleçam de um modo notável em todo o mundo. Ao princípio de minhas coletas nas águas doces do Brasil, recordo muito bem que fiquei muito surpreso pela semelhança dos insetos, moluscos etc., de água doce, e a diferença dos seres terrestres dos arredores, comparados com os da Inglaterra.

A faculdade que as produções de água doce têm de estender-se muito creio que pode ser explicada, na maioria dos casos, porque se adaptaram, de um modo utilíssimo para elas, a pequenas e frequentes emigrações de uma lagoa a outra ou de um rio a outro, dentro de seu próprio habitat, e dessa faculdade se seguiria, como uma consequência quase necessária, a possibilidade de uma grande dispersão. Não podemos considerar aqui mais que um reduzido número de casos, dos quais os peixes nos oferecem alguns dos mais difíceis de explicar. Cria-se antes que uma mesma espécie de água doce que nunca existira em dois continentes muito distantes; mas o doutor Gunther demonstrou recentemente que o *Galáxias attenuatus* vive na Tasmânia, Nova Zelândia, nas Ilhas Falkland (Malvinas) e na terra firme da América do Sul. É esse um caso assombroso, e provavelmente indica uma dispersão, a partir de um centro antártico, durante um período quente anterior. Esse caso, no entanto, resulta algo menos surpreendente, porque as espécies desse gênero têm a propriedade de atravessar, por algum meio desconhecido, espaços consideráveis do oceano, assim há uma espécie que é comum à Nova Zelândia e às ilhas Auckland, ainda que estejam separadas por uma distância de umas 230 milhas. Num mesmo continente, os peixes de água doce muitas vezes se estendem muito e como de um modo caprichoso, pois em duas bacias contíguas algumas das espécies podem ser as mesmas e outras completamente diferentes.

É provável que as produções de água doce sejam às vezes transportadas pelo que podem chamar-se meios acidentais. Assim, não é muito raro que os redemoinhos tenham deixado cair peixes ainda vivos em pontos distantes e é sabido que os ovos conservam sua vitalidade durante um tempo considerável depois de tirados da água. Sua dispersão pode, no entanto, atribuir-se principalmente a mudanças de nível da terra dentro do período moderno, que fizeram com que alguns rios vertessem em outros. Também poderiam citar-se casos de ter ocorrido isso durante inundações, sem mudança alguma de nível. À mesma conclusão leva a grande diferença dos peixes a ambos os lados da maioria das cordilheiras que são contínuas, e que, portanto, tiveram de impedir por completo desde um período antigo anastomose dos sistemas fluviais de ambos os lados. Alguns peixes de água doce pertencem a formas antiquíssimas e nesse caso teria tido tempo de sobra para grandes mudanças geográficas e, portanto, tempo e meios para muitas emigrações. E mais: o doutor Gunther, recentemente, foi levado a deduzir, por várias considerações, que as mesmas formas têm muita resistência nos peixes. Os de água salgada podem, com cuidado, ser acostumados lentamente a viver em água doce e, segundo Valenciennes, raramente existe um só grupo cujos membros estejam todos confinados na água doce; de maneira que uma espécie marinha pertencente a um grupo de água doce pode viajar muito ao longo das costas do mar e poderia provavelmente adaptar-se, sem grande dificuldade, às águas doces de uma região distante.

Algumas espécies de moluscos de água doce têm uma extensa distribuição, e espécies afins que, segundo nossa teoria, descendem de um tronco comum e têm de ter provindo de uma só fonte, estendendo-se pelo mundo inteiro. Sua distribuição me deixou muito perplexo, pois seus ovos não podem ser transportados pelas aves e os adultos morrem imediatamente na água do mar. Nem sequer podia compreender como algumas espécies adaptadas se difundiram rapidamente por todo um habitat. Mas dois fatos que observei – e indubitavelmente se descobrirão outros muitos – lançasse alguma luz sobre esse assunto. Ao sair os patos subitamente de um charco coberto de lentilhas de água vi duas vezes que essas plantinhas ficavam aderidas a seu dorso e me ocorreu, ao levar um pouco de lentilhas de água de um aquário a outro, que, sem querer, povoei um de moluscos de água doce procedentes do outro. Mas outro meio é talvez mais eficaz: mantive suspendido o pé de um pato num aquário onde se desenvolviam muitos ovos de moluscos de água doce, e observei que um grande número de moluscos pequeníssimos, recém-nascidos, arrastavam-se pelo pé do pato e aderiam a ele tão fortemente, que, tirado fora da água, não podiam ser desprendidos, apesar de que mais tarde se deixassem cair espontaneamente. Esses moluscos recém-nascidos, ainda que aquáticos por natureza, sobreviveram no pé do pato, em ar úmido, de doze a vinte horas, e nesse espaço de tempo um pato ou uma garça poderia voar 600 ou 700 milhas e, se voava sobre o mar até uma ilha oceânica ou até outro ponto distante, pousaria seguramente em um charco ou riacho. Charles Lyell me informa que foi capturado um *Dytiscus* com um *Ancylus* (molusco de água doce parecido com uma lapa) firmemente aderido a ele, e um coleóptero aquático da mesma família, um *Colymbeles*, caiu a bordo do *Beagle* quando se encontrava este a 45 milhas da costa mais próxima: ninguém pode dizer até onde poderia ter sido arrastado por um vento forte favorável.

No que se refere às plantas, conhece-se há muito tempo a enorme distribuição geográfica que muitas espécies de água doce, e mesmo espécies palustres, têm tanto nos continentes, como pelas ilhas oceânicas mais remotas. Um notável exemplo disso oferecem, segundo A. de Candolle, os grandes grupos de plantas terrestres que têm um reduzido número de espécies que são aquáticas, pois essas últimas parecem adquirir, como consequência disso, uma vasta distribuição. Acredito que esse fato se explica pelos meios favoráveis de dispersão.

Mencionei antes que às vezes adere certa quantidade de terra nas patas e bicos das aves.

As garças, que frequentam as margens das lagoas, ao alçar voo de repente, facilmente devem ter as patas carregadas de barro. As aves dessa ordem viajam mais do que as de nenhuma outra, e às vezes são encontradas nas ilhas mais remotas e estéreis situadas em pleno oceano; essas aves pousam na superfície do mar, de maneira que nada do barro de suas patas é arrastado pela água e, ao chegar à terra, seguramente devem voar para os lugares onde tenha a água doce que naturalmente frequentam. Não creio que os botânicos estejam inteirados de como está carregado de sementes o barro das lagoas; fiz vários pequenos experimentos, mas citarei aqui só o caso mais notável: recolhi, em fevereiro, três colheradas grandes de barro submerso em três pontos diferentes da água, junto à orla de um charco; esse barro, depois de seco, pesou tão só seis onças e três quartos; conservei-o tampado em meu quarto de trabalho durante seis meses, arrancando e contando as plantas à medida que saíam; estas plantas eram de muitas classes e chegaram ao número de 537; no entanto, todo o barro, úmido, cabia numa xícara. Considerando esses fatos, acredito que seria inexplicável que as aves aquáticas não transportassem as sementes de água doce a lagoas e riachos situados em pontos muito distantes. O mesmo meio pode ter entrado em jogo no que se refere aos ovos de alguns dos animais menores de água doce.

Outros meios desconhecidos representaram provavelmente também algum papel. Comprovei que os peixes de água doce comem muitos tipos de sementes, ainda que devolvam muitas depois de tê-las engolido; ainda que os peixes pequenos engulam sementes de tamanho regular, como as da ninfeia amarela[14] e do *Potamogeton*. As garças e outras aves, séculos após séculos, devoram diariamente os peixes; depois empreendem o voo e vão a outras águas, ou são arrastadas pelo vento através do mar; e temos visto que as sementes conservam seu poder de germinação quando são devolvidas muitas horas depois nos excrementos. Quando vi o grande tamanho das sementes da formosa ninfeia *Nelumbium* e recordei as indicações de Alphonse de Candolle a respeito da distribuição geográfica dessa planta, pensei que seu modo de dispersão teria de permanecer inexplicável; mas Andubon confirmou que encontrou as sementes da grande ninfeia do sul (provavelmente o *Nelumbium luteum,* segundo o doutor Hooker) num estômago de garça. Assim sendo, essa ave deve ter voado muitas vezes com seu estômago bem provido desse modo até lagoas distantes e conseguindo então uma boa comida de peixes, a analogia me faz crer que as sementes seriam devolvidas numa bolota num estado adequado para a germinação.

Ao considerar esses diferentes tipos de distribuição temos de recordar que quando se forma pela primeira vez uma lagoa ou um riacho – por exemplo, num ilhéu que se esteja levantando – essa lagoa ou esse riacho estarão desocupados e uma só semente ou um só ovo terão muitas probabilidades de sucesso. Apesar de sempre haver luta pela vida entre os habitantes da mesma lagoa por poucas que sejam suas espécies, no entanto, sendo o número de espécies, mesmo numa lagoa bem povoada, é pequeno em comparação com o número das que vivem numa extensão igual de terra, a concorrência entre elas será provavelmente menos severa do que entre as espécies terrestres; portanto, um intruso procedente das águas de uma outra região tem de ter mais probabilidades de ocupar um novo território como no caso de colonos terrestres. Devemos também recordar que muitas produções de água doce ocupam um lugar inferior na escala natural e temos motivos para crer que esses seres se modificam mais lentamente do que os superiores, e isso nos dará o tempo requerido para a emigração das espécies aquáticas. Não temos de esquecer que é provável que muitas formas de água doce se tenham estendido em outro tempo de um modo contínuo por imensas extensões e que depois se tenham extinguido em pontos intermediários; mas a extensa distribuição das plantas de água doce e dos animais inferiores, já conservam identicamente a mesma forma, mesmo tendo sido até certo ponto modificada; é evidente que isso depende principalmente da grande dispersão de suas sementes e ovos pelos animais, e em especial pelas aves de água doce que têm grande poder de voo e que naturalmente viajam de umas águas doces a outras.

Dos Habitantes das Ilhas Oceânicas

Chegamos agora à última das três classes de fatos que escolhi como apresentando a maior dificuldade, no que se refere à distribuição geográfica, dentro da hipótese de que não somente todos os indivíduos de uma mesma espécie emigraram partindo de um só lugar, mas que as espécies afins procederam de uma só região – o berço de seus primitivos antepassados –, ainda que vivam atualmente nos lugares mais distantes. Já expus minhas razões para não acreditar na existência, dentro do período das espécies existentes, de extensões continentais em tão enorme escala que as numerosas ilhas dos diferentes oceanos fossem todas povoadas desse modo por seus habitantes terrestres atuais. Essa opinião suprime muitas dificuldades; mas não está de acordo com todos os fatos referentes às produções das ilhas. Nas indicações seguintes não me limitarei ao simples problema da dispersão, mas considerarei alguns outros casos que se relacionam com a verdade das duas teorias: a das criações independentes e a da descendência com modificação.

As espécies de todas as classes que vivem nas ilhas oceânicas são em reduzido número, comparadas com as que vivem em territórios continentais iguais. Alph. de Candolle admite isso para as plantas, e Wollaston para os insetos. A Nova Zelândia, por exemplo, com suas elevadas montanhas e variadas *estações*, ocupando 780 milhas de latitude, junto com as ilhas de Auckland, Campbell e Chatham, contém, em conjunto, tão só 960 classes de plantas fanerógamas; se compararmos esse reduzido número com as numerosas espécies que povoam extensões iguais no sudoeste da Austrália ou no Cabo da Boa Esperança, temos de admitir que alguma causa, independentemente das diferentes condições físicas, deu origem a uma diferença numérica tão grande. Até o uniforme condado de Cambridge tem 847 plantas e a pequena ilha de Anglesey tem 764, conquanto nesses números estão incluídos algumas samambaias e algumas plantas introduzidas, e a comparação, sob alguns outros aspectos, não é completamente justa. Temos provas de que a estéril ilha da Ascensão possuía primitivamente menos que meia dúzia de plantas fanerógamas e, não obstante, muitas espécies se adaptaram nela, como o fizeram na Nova Zelândia e em qualquer outra ilha oceânica que possa citar-se. Há motivos para crer que em Santa Helena as plantas e animais adaptados exterminaram tudo, ou quase tudo das produções nativas. Quem admite a doutrina da criação separada para cada espécie, terá de admitir que para as ilhas oceânicas não foi criado um número suficiente de plantas e animais bem adaptados, pois o homem involuntariamente as povoou de modo bem mais completo e perfeito que o fez a natureza.

Ainda que nas ilhas oceânicas as espécies sejam em pequeno número, a proporção de espécies peculiares – isto é, que não se encontram em nenhuma outra parte do mundo – é com frequência enorme. Se compararmos, por exemplo, o número de moluscos terrestres peculiares da Ilha da Madeira, ou de aves peculiares do arquipélago dos Galápagos, com o número dos que se encontram em qualquer continente, e comparamos depois a área da ilha com a do continente, veremos que isso é verdadeiro. Esse fato podia ser esperado teoricamente, pois, como já se explicou, as espécies que chegam ocasionalmente, depois de longos intervalos de tempo, a uma área nova e isolada, e que têm de competir com novos colegas, têm de estar muito sujeitas a modificação e têm de produzir com frequência grupos descendentes modificados. Mas de modo algum se segue que, porque numa ilha sejam peculiares quase todas as espécies de uma classe, sejam-no as de outra classe ou de outra seção da mesma classe, e essa diferença parece depender, em parte, de que as espécies que não estão modificadas emigraram juntas, de maneira que não se perturbaram muito as relações mútuas e, em parte, da frequente chegada de imigrantes não modificados procedentes do habitat de origem, com os quais se cruzaram as formas insulares. Temos de compreender que a descendência desses cruzamentos tem seguramente de ganhar em vigor; de sorte que até um cruzamento acidental tem de produzir mais efeito do que se pudesse esperar. Darei alguns exemplos das observações precedentes. Nas ilhas dos Galápagos há 26 aves terrestres; dessas, 21 – ou talvez 23 – são peculiares, ao passo que de 11 aves marinhas só o são 2, e é evidente que as aves marinhas puderam chegar a essas últimas ilhas com muito maior facilidade e frequência do que as terrestres. Pelo contrário, as Bermudas – que estão situadas, aproximadamente, à mesma distância da América do Norte que as ilhas dos Galápagos o estão da América do Sul, e que têm um solo muito particular – não possuem nem uma só ave terrestre peculiar e sabemos, pela admirável descrição das ilhas Bermudas de J. M. Jones, que muitíssimas aves da América do Norte, acidentalmente ou com frequência, visitam essas ilhas. Quase todos os anos, segundo me informa E. V. Harcourt, muitas aves europeias e africanas são arrastadas pelo vento até a Ilha da Madeira; vivem nessa ilha 99 espécies, das quais uma só é peculiar, ainda que muito afim com uma forma europeia, e três ou quatro espécies estão limitadas a essa ilha e às Canárias. De maneira que as ilhas Bermudas e a da Madeira foram povoadas por aves procedentes dos continentes vizinhos, as quais, durante muito tempo, lutaram entre si nessas ilhas e chegaram a adaptar-se mutuamente e, consequentemente cada espécie, ao estabelecer-se em sua nova pátria, terá sido obrigada pelas outras se manter em seu lugar e costumes próprios, e, portanto, terá estado muito pouco sujeita a modificação: toda tendência à modificação terá sido referendada pelo cruzamento com imigrantes não modificados que chegam com frequência da pátria primitiva. A Ilha da Madeira, além disso, está habitada por um prodigioso número de moluscos terrestres peculiares, enquanto nem um só dos moluscos marinhos é peculiar de suas costas. Assim sendo; embora não saibamos como se verifica a dispersão dos moluscos marinhos, no entanto, podemos compreender que seus ovos ou larvas, aderidos talvez a algas ou madeiras flutuantes, ou às patas das aves pernaltas[15], puderam ser transportados, atravessando 300 ou 400 milhas de oceano, mais facilmente do que os moluscos terrestres. As diferentes ordens de insetos que vivem na Ilha da Madeira apresentam casos quase paralelos.

Nas ilhas oceânicas faltam algumas vezes certas classes inteiras, e seu lugar está ocupado por outras classes; assim, os répteis nas ilhas Galápagos e as aves gigantescas sem asas da Nova Zelândia ocupam, ou ocupavam recentemente, o lugar dos mamíferos. Ainda que se fale aqui da Nova Zelândia como de uma ilha oceânica, é algo duvidoso se devesse considerar-se assim: é de grande tamanho e não está separada da Austrália por um mar profundo; o reverendo W. B. Clarke sustentou recentemente que essa ilha, como Nova Caledônia, por seus caracteres geológicos e pela direção de suas cordilheiras, tem de ser considerada como dependência da Austrália. Voltando às plantas, o doutor Hooker demonstrou que nas ilhas dos Galápagos a proporção numérica das diferentes ordens é muito diferente da de qualquer outra parte. Todas essas diferenças numéricas e a ausência de certos grupos inteiros de animais e plantas se explica geralmente por supostas diferenças nas condições físicas das ilhas; mas essa explicação é muito duvidosa. A facilidade de emigração parece ter sido realmente tão importante como a natureza das condições físicas.

Poder-se-ia citar muitos pequenos fatos notáveis referentes aos habitantes das ilhas oceânicas. Por exemplo: em determinadas ilhas em que não vive nem um só mamífero, algumas das plantas peculiares têm sementes com magníficos ganchos e, no entanto, poucas relações há mais manifestas do que aquela de que os ganchos servem para o transporte das sementes na lã ou pelo dos quadrúpedes. Mas uma semente com ganchos pode ter sido transportada a uma ilha por outros meios e então a planta, modificando-se, formaria uma espécie peculiar, conservando, não obstante, seus ganchos, que constituiriam um apêndice inútil, como as asas reduzidas embaixo dos élitros soldados de muitos coleópteros insulares. Além disso, as ilhas, com frequência, têm árvores ou arbustos pertencentes a ordens que em qualquer outra parte compreendem tão só espécies herbáceas; as árvores, como demonstrou Alph. de Candolle, têm geralmente, seja por que for, uma distribuição geográfica limitada. Portanto, as árvores teriam poucas probabilidades de chegar até as ilhas oceânicas distantes. Uma planta herbácea que não tivesse probabilidades de competir, vitoriosa, com as muitas árvores bem desenvolvidos que crescem num continente, pôde, estabelecida numa ilha, obter vantagem sobre plantas herbáceas, crescendo cada vez mais alta e sobrepujando-as. Nesse caso, a seleção natural tenderia a aumentar a altura da planta, qualquer que fosse a ordem a que pertencesse, e desse modo a convertê-la, primeiro, num arbusto e, depois, numa árvore.

Ausência de Batráquios e de Mamíferos Terrestres nas Ilhas Oceânicas

No que se refere à ausência de ordens inteiras de animais nas ilhas oceânicas, Bory Saint-Vincent observou, faz muito tempo, que nunca se encontram batráquios – rãs, sapos, salamandras – em nenhuma das muitas ilhas de que estão semeados os grandes oceanos.

Dei-me ao trabalho de comprovar essa afirmação e a achei exata, excetuando a Nova Zelândia, Nova Caledônia, as ilhas de Andaman[16] e talvez as ilhas Salomão e as Seychelles. Mas já observei antes que é duvidoso que a Nova Zelândia e a Nova Caledônia devam classificar-se como ilhas oceânicas e ainda é mais duvidoso no que se refere aos grupos de Andaman e Salomão e as Seychelles. Essa ausência geral de rãs, sapos e salamandras em tantas ilhas verdadeiramente oceânicas não pode ser explicada por suas condições físicas; realmente parece que as ilhas são particularmente adequadas para esses animais, pois as rãs foram introduzidas na Ilha da Madeira, nos Açores e nas Ilhas Maurício e se multiplicaram tanto que se converteram numa praga. Mas como a água do mar mata imediatamente esses animais e suas posturas de ovos – com exceção, até onde atinge meu conhecimento, de uma espécie da Índia –, tem de haver grande dificuldade em seu transporte através do mar, e por isso podemos compreender por que não existem nas ilhas rigorosamente oceânicas. Mas seria dificílimo explicar, dentro da teoria da criação, por que não tinham sido criados nessas ilhas.

Outro caso semelhante nos oferecem os mamíferos. Procurei cuidadosamente nas viagens mais antigas e não encontrei nem um só exemplo indubitável de um mamífero terrestre – excetuando os animais domésticos que possuem os nativas – que vivesse numa ilha situada a mais de 300 milhas de um continente ou de uma grande ilha continental, e muitas ilhas situadas a uma distância muito menor estão igualmente desprovidas desses mamíferos.

As Falkland, que estão habitadas por uma raposa que parece um lobo, apresentam-se em seguida como uma exceção; mas esse grupo não pode considerar-se como oceânico, pois encontra-se sobre um banco unido com a terra firme, da qual distam umas 280 milhas; além disso, os *icebergs* levavam antes blocos a suas costas ocidentais e puderam, em outro tempo, ter transportado raposas, como frequentemente ocorre agora nas regiões árticas. Não obstante, não se pode dizer que as ilhas pequenas não possam sustentar mamíferos, pelo menos pequenos, pois esses, em muitas partes do mundo, existem em ilhas pequeníssimas quando estão situadas próximas ao continente e raramente é possível citar uma ilha na qual não tenham se adaptado e multiplicado grandemente nossos mamíferos menores. Dentro da teoria usual da criação não se pode dizer que não ocorreu tempo para a criação de mamíferos: muitas ilhas vulcânicas são muito antigas, segundo o demonstra a enorme erosão que sofreram e seus estratos terciários; além disso, houve tempo para a produção de espécies peculiares pertencentes a outras classes, e é sabido que nos continentes as novas espécies de mamíferos aparecem e desaparecem com mais rapidez do que outros animais inferiores.

Ainda que os mamíferos terrestres não existam nas ilhas oceânicas, os mamíferos aéreos existem em quase todas as ilhas. A Nova Zelândia possui dois morcegos que não se encontram em nenhuma outra parte do mundo; a ilha de NorfoIk, o arquipélago de Viti, as ilhas Bonin, os arquipélagos das Carolinas e das Marianas, as Ilhas Maurício possuem todas seus morcegos peculiares. Por que a suposta força criadora – poderia perguntar-se – produziu morcegos e não outros mamíferos nas ilhas afastadas? Dentro de minha teoria essa pergunta pode ser respondida facilmente, pois nenhum mamífero terrestre pode ser transportado através de um grande espaço de mar; mas os morcegos podem voar e atravessá-lo. Foram vistos morcegos vagando de dia sobre o oceano Atlântico a grande distância da terra, e duas espécies norte-americanas, regular ou acidentalmente, visitam as ilhas Bermudas, situadas a 600 milhas da terra firme. O senhor Tomes, que estudou especialmente essa família, diz-me que muitas espécies têm uma distribuição geográfica enorme e se encontram em continentes e em ilhas muito distantes. Portanto, não temos mais de supor que essas espécies errantes se modificaram em suas novas pátrias, em relação com sua nova situação, e podemos compreender a presença de morcegos peculiares nas ilhas oceânicas, unida à ausência de todos os outros mamíferos terrestres.

Existe outra relação interessante entre a profundidade do mar que separa as ilhas umas das outras ou do continente mais próximo e o grau de afinidade dos mamíferos que nelas vivem. Windsor Earl fez algumas observações notáveis sobre esse particular, ampliadas depois consideravelmente pelas admiráveis investigações de senhor Wallace, no que se refere ao arquipélago Malaio, o qual está atravessado, próximo de Celebes, por uma porção profunda de oceano que separa duas faunas muito diferentes de mamíferos. Em cada lado, as ilhas descansam sobre um banco submarino de não muita profundidade e estão habitadas pelos mesmos mamíferos ou mamíferos muito afins. Não tive, até agora, tempo para continuar o estudo desse assunto em todas as partes do mundo; mas até onde cheguei subsiste a relação. Por exemplo: a Grã-Bretanha está separada da Europa por um canal de pouca profundidade, e os mamíferos são iguais em ambos os lados, e o mesmo ocorre em todas as ilhas próximas às costas da Austrália. As Antilhas, pelo contrário, estão situadas sobre um banco submerso a uma grande profundidade – umas mil braças – e ali encontramos formas americanas; mas as espécies e mesmo os gêneros são completamente diferentes. Como a intensidade das modificações que experimentam os animais de todas as classes depende, em parte, do tempo decorrido, e como as ilhas que estão separadas entre si e da terra firme por canais pouco profundos é mais provável que tenham estado unidas, formando uma região contínua em seu período recente que as ilhas separadas por canais mais profundos, podemos compreender por que existe relação entre a profundidade do mar que separa duas faunas de mamíferos e seu grau de afinidade, relação que é por completo inexplicável dentro da teoria dos atos independentes de criação.

Os fatos precedentes, relativos aos habitantes das ilhas oceânicas – a saber o reduzido número de espécies com uma grande proporção de formas peculiares; ou que se modificaram os membros de certos grupos, mas não os de outros da mesma classe; a ausência de certas ordens inteiras, como os batráquios, e dos mamíferos terrestres, apesar da presença dos voadores morcegos; as raras proporções de certas ordens de plantas; como formas herbáceas se desenvolveram até chegar a árvores; etc. – me parece que concordam melhor com a teoria da eficácia dos meios ocasionais de transporte, continuados durante longo tempo, que com a teoria da conexão primitiva de todas as ilhas oceânicas com o continente mais próximo; segundo essa hipótese, é provável que as diferentes classes tivessem emigrado mais uniformemente do que, por terem entrado as espécies juntas, não se tivessem perturbado muito em suas relações mútuas e, portanto, não se tivessem modificado ou se tivessem modificado todas as espécies de um modo mais uniforme.

Não nego que existem muitas e graves dificuldades para compreender como chegaram até sua pátria atual muitos dos habitantes das ilhas mais longínquas, conservando ainda a mesma forma específica ou que a tenham modificado depois. Mas não podemos esquecer a probabilidade de que tenham existido em outro tempo, como etapas, outras ilhas, das quais não fica agora nem um resto. Exporei detalhadamente um caso difícil. Quase todas as ilhas oceânicas, mesmo as menores e mais isoladas, estão habitadas por moluscos terrestres, geralmente por espécies peculiares, mas às vezes por espécies que se encontram em qualquer outra parte, das quais o doutor A. A. Gould citou exemplos notáveis relativos ao Pacífico. Assim sendo, é sabido que a água do mar mata facilmente os moluscos terrestres, e seus ovos – pelo menos aqueles com os quais fiz experimentos – vão a fundo e morrem, mas deve existir algum meio desconhecido, ainda que eficaz às vezes, para seu transporte. Talvez o molusco recém-nascido aderirá às patas das aves que descansam no solo e desse modo chegará a ser transportado? Ocorreu-me que os moluscos concheados terrestres, durante o período invernal, quando têm um diafragma membranoso na boca da concha, poderiam ter sido levados nas gretas das madeiras flutuantes, atravessando assim braços de mar não muito longos, e concluí que várias espécies, nesse estado, resistem sem dano algum sete dias de imersão em água do mar; um caracol, o *Helix pomatia,* depois de ter sido tratado desse modo, e tendo voltado a hibernar, foi posto, durante vinte dias, em água do mar, e resistiu perfeitamente. Durante esse espaço de tempo o caracol poderia ter sido transportado por uma corrente marinha de velocidade média a uma distância de 660 milhas geográficas. Como esse *Helix* tem um opérculo calcário grosso, e quando se formou um opérculo novo membranoso, submergi-o de novo por quatorze dias em água do mar, e ainda reviveu tornando a andar. O barão Aucapitaine empreendeu depois experimentos análogos: colocou 100 moluscos concheados terrestres, pertencentes a dez espécies, numa caixa com buracos e a submergiu por quinze dias no mar. Dos 100 moluscos resistiram 27. A existência do opérculo parece ter tido importância, pois de 12 exemplares de *Cyclostoma elegans* que o possuem, resistiram 11. É notável, que o *Helix pomatia* resistiu na água salgada e que não resistiu nem um dos 54 exemplares pertencentes a outras quatro espécies de Helix submetidas a experimento por Aucapitaine. Não é, no entanto, de modo algum, provável que os moluscos terrestres tenham sido frequentemente transportados desse modo; as patas das aves oferecem um modo mais provável de transporte.

Das Relações entre os Habitantes das Ilhas e os da Terra Firme mais Próxima

O fato mais importante e atraente para nós é a afinidade que existe entre as espécies que vivem nas ilhas e as da terra firme mais próxima, sem que sejam realmente as mesmas. Poderiam ser citados numerosos exemplos. O arquipélago de Galápagos, situado no Equador, está entre 500 e 600 milhas de distância das costas da América do Sul. Quase todas as produções da terra e da água levam ali o selo inequívoco do continente americano. Há 26 aves terrestres, das quais 21, ou talvez 23, são consideradas como espécies diferentes; admitiria-se ordinariamente que foram criadas ali e, no entanto, a grande afinidade da maioria dessas aves com espécies americanas se manifesta em todas as características, em seus costumes, gestos e timbre de voz. O mesmo ocorre com outros animais e com uma grande proporção das plantas, como demonstrou Hooker[17] em sua admirável flora desse arquipélago. O naturalista, ao contemplar os habitantes dessas ilhas vulcânicas do Pacífico, distantes do continente várias centenas de milhas, teve a sensação de que se encontrava em terra americana. Por que tem de ser assim? Por que as espécies que se supõe que foram criadas no arquipélago dos Galápagos e em nenhuma outra parte, têm tanta afinidade com as criadas na América? Nada há ali, nem nas condições de vida, nem na natureza geológica das ilhas, nem em sua altitude ou clima, nem nas proporções em que estão associadas mutuamente as diferentes classes, que se assemelhe muito às condições da costa da América do Sul; na realidade, há uma diferença considerável sob todos esses aspectos. Pelo contrário, existe uma grande semelhança entre o arquipélago de Galápagos e o de Cabo Verde na natureza vulcânica de seu solo, no clima, altitude e tamanho das ilhas; mas que diferença tão completa e absoluta entre seus habitantes! Os das ilhas de Cabo Verde estão relacionados com os da África, o mesmo acontecendo com os das ilhas dos Galápagos que estão com os da América.

Fatos como esses não admitem explicação dentro da opinião corrente das criações independentes; enquanto, segundo a opinião que aqui se defende, é evidente que as ilhas dos Galápagos estariam em boas condições para receber colonos da América já por meios ocasionais de transporte – ainda que eu não acredite nessa teoria – pela antiga união com o continente, as ilhas de Cabo Verde estariam para recebê-los da África; esses colonos estariam sujeitos à modificação, delatando ainda seu primitivo lugar de origem.

Poderiam citar-se muitos fatos análogos: realmente é uma regra quase universal que as produções peculiares das ilhas estão relacionadas com as do continente mais próximo ou com as da ilha grande mais próxima. Poucas são as exceções, e a maioria delas podem ser explicadas. Assim, ainda que a Terra de Kerguelen esteja situada mais próximo da África do que da América as plantas estão relacionadas – e muito estreitamente com as da América, segundo sabemos pelo estudo do doutor Hooker; mas essa anomalia desaparece segundo a teoria de que essa ilha foi povoada principalmente por sementes levadas com terra e pedras nos *icebergs* arrastados por correntes dominantes. A Nova Zelândia, por suas plantas endêmicas, está bem mais relacionada com a Austrália, a terra firme mais próxima, que com nenhuma outra região, e isto é o que se podia esperar, mas está também evidentemente relacionada com a América do Sul que, ainda que seja o continente mais próximo, está a uma distância tão enorme, que o fato resulta em uma anomalia. Mas essa dificuldade desaparece em parte dentro da hipótese de que a Nova Zelândia, a América do Sul e outras terras meridionais foram povoadas em parte por formas procedentes de um ponto quase intermediário, ainda que distante, ou seja as ilhas antárticas, quando estavam cobertas de vegetação, durante um período terciário quente antes do começo do último período glacial. A afinidade, ainda que débil, assegura-me o doutor Hooker, que existe realmente entre a flora do extremo sudoeste da Austrália e a do Cabo da Boa Esperança é um caso bem mais notável; mas essa afinidade está limitada às plantas, e indubitavelmente se explicará algum dia.

A mesma lei que determinou o parentesco entre os habitantes das ilhas e os da terra firme mais próxima se manifesta às vezes em menor escala, mas de um modo interessantíssimo, dentro dos limites de um mesmo arquipélago. Assim, cada uma das ilhas do arquipélago dos Galápagos está ocupada – e o fato é maravilhoso – por várias espécies diferentes; mas essas espécies estão relacionadas entre si de um modo bem mais estreito do que com os habitantes do continente americano ou de qualquer outra parte do mundo. Isso é o que se poderia esperar, pois ilhas situadas tão próximas umas das outras tinham de receber quase necessariamente imigrantes procedentes da mesma origem primitiva e das outras ilhas. Mas por que muitos dos imigrantes se modificaram diferentemente, ainda que só em pequeno grau, em ilhas situadas próximas umas das outras, que têm a mesma natureza geológica, a mesma altitude, clima etc.? Durante muito tempo isso me pareceu uma grande dificuldade; o erro profundamente arraigado de considerar as condições físicas de um habitat como as mais importantes, quando é indiscutível que a natureza das espécies, têm de competir entre si; é um fator do sucesso pelo menos tão importante ou mais. Assim sendo, se consideramos as espécies que vivem no arquipélago dos Galápagos e que se encontram também em outras partes do mundo, vemos que diferem consideravelmente nas variadas ilhas. Essa diferença se poderia realmente esperar se as ilhas fossem povoadas por meios ocasionais de transporte, pois uma semente de uma planta, por exemplo, teria sido levada a uma ilha e a de outra planta a outra ilha, ainda que todas procedessem da mesma origem geral. Portanto, quando em tempos primitivos um emigrante aportou pela primeira vez a uma das ilhas, ou quando depois se mudou de uma a outra, estaria submetido indubitavelmente a condições diferentes nas diferentes ilhas, pois teria de competir com um conjunto diferente de organismos; uma planta, por exemplo, encontraria o solo mais adequado para ela ocupado por espécies diferentes nas diferentes ilhas, e estaria exposta aos ataques diferentes de inimigos variados. Se então variou, a seleção natural provavelmente favoreceria variedades diferentes nas diferentes ilhas. Algumas espécies, no entanto, puderam propagar-se por todo o grupo de ilhas conservando as mesmas características, de igual modo que vemos algumas espécies que se estendem amplamente por todo o seu continente e que se conservam as mesmas.

O fato verdadeiramente surpreendente nesse caso do arquipélago dos Galápagos, e em menor grau em alguns casos análogos, é que cada nova espécie, depois de ter sido formada numa ilha, não se estendeu rapidamente às outras. Mas as ilhas, ainda que próximas umas das outras, estão separadas por braços profundos de mar, na maioria dos casos mais largos do que o canal da Mancha, e não há razão para supor que as ilhas tenham estado unidas em algum período anterior. As correntes do mar são rápidas entre as ilhas, e as tormentas de vento são extraordinariamente raras; de maneira que as ilhas estão de fato bem mais separadas entre si do que aparecem no mapa. No entanto, algumas das espécies – tanto das que se encontram em outras partes do mundo como das que estão confinadas no arquipélago – são comuns a várias ilhas, e de seu modo de distribuição atual podemos deduzir que de uma ilha se estenderam às outras. Mas creio que, com frequência, adotamos a errônea opinião de que é provável que espécies muito afins invadam mutuamente seus territórios quando são postas em livre comunicação. Indubitavelmente, se uma espécie tem alguma vantagem sobre outra, em brevíssimo tempo a suplantará em tudo ou em parte; mas se ambas são igualmente adequadas para suas próprias localidades, provavelmente conservarão ambas seus lugares, separados durante tempo quase ilimitado.

    Familiarizados com o fato de que em muitas espécies adaptadas pela ação do homem se difundiram com espantosa rapidez por extensos territórios, inclinamo-nos a supor que a maioria das espécies têm de se difundir desse modo, mas devemos recordar que as espécies que se adaptam em novas regiões não são geralmente muito afins com os habitantes primitivos, mas formas muito diferentes, que, em número relativamente grande de casos, como demonstrou Alph. de Candolle, pertencem a gêneros diferentes. No arquipélago dos Galápagos, ainda das mesmas aves, apesar de estarem bem adaptadas para voar de ilha em ilha, muitas diferem nas diferentes ilhas; assim, há três espécies muito próximas de *Mimus*, confinadas cada uma a sua própria ilha. Supondo que o *Mimus* da ilha Chatham fosse arrastado pelo vento à ilha Charles, que tem sua *Mimus* própria, por que teria de conseguir estabelecer-se ali?

    Podemos admitir com segurança que a ilha Charles está bem povoada por sua própria espécie, pois anualmente são postos mais ovos e nascem mais filhotes dos que podem ser criados, e devemos admitir que o *Mimus* peculiar à ilha Charles está adaptado a sua pátria, pelo menos, tão bem como a espécie peculiar da ilha Chatham. C. Lyell e Wollaston me comunicaram um fato notável relacionado com esse assunto: a Ilha da Madeira e o ilhéu adjacente de Porto Santo possuem muitas espécies de conchas terrestres diferentes, mas representativas, algumas das quais vivem em rachaduras das rochas; apesar de anualmente serem transportadas grandes quantidades de pedra desde Porto Santo a Madeira, essa ilha não foi colonizada pelas espécies de Porto Santo, ainda que ambas as ilhas o foram por moluscos terrestres da Europa que indubitavelmente tinham alguma vantagem sobre as espécies nativas. Por essas considerações creio que não temos de nos maravilhar muito porque as espécies peculiares que vivem nas diferentes ilhas do arquipélago dos Galápagos não passaram todas de umas ilhas a outras. Num mesmo continente a ocupação anterior representou provavelmente um papel importante em impedir a mistura das espécies que vivem em diferentes regiões que têm quase as mesmas condições físicas.

Assim, os extremos sudeste e sudoeste da Austrália têm quase as mesmas condições físicas e estão unidos por terras descontínuas e, no entanto, estão habitadas por um grande número de mamíferos, aves e plantas diferentes; o mesmo ocorre, segundo Bates, com as borboletas e outros animais que vivem no grande, aberto e não interrompido vale do Amazonas.

O mesmo princípio que rege o caráter geral dos habitantes das ilhas oceânicas – ou seja a relação com a origem dos colonos, junto com sua modificação subsequente – é de amplíssima aplicação em toda a natureza. Vemos isso em cada cume de montanha e em cada lago ou pântano; pois as espécies alpinas, exceto quando a mesma espécie se difundiu extensamente durante a época glacial, estão relacionadas com as das terras baixas circundantes. Assim, temos na América do Sul pássaros-moscas alpinos, roedores alpinos, plantas alpinas etc., que pertencem todos rigorosamente a formas americanas, e é evidente que uma montanha, quando se levantou lentamente, foi colonizada pelos habitantes das terras baixas circundantes.

O mesmo ocorre com os habitantes dos lagos e pântanos, exceto na medida em que a grande facilidade de transporte permitiu às mesmas formas prevalecer em grandes extensões do mundo. Vemos esse mesmo princípio no caráter da maioria dos animais cegos que vivem nas cavernas da América e da Europa, e poderiam citar-se outros fatos análogos. Em todos os casos acredito que resultará verdadeiro que, sempre que existam em duas regiões, por distantes que estejam, muitas espécies muito afins ou representativas, se encontrarão também algumas espécies idênticas, e onde quer que se apresentem muitas espécies muito afins, se encontrarão muitas formas que alguns naturalistas consideram como espécies diferentes e outros como simples variedades, mostrando-nos essas formas duvidosas os passos na marcha da modificação.

A relação entre a existência de espécies muito afins em pontos remotos da terra e a faculdade de emigrar e a extensão de migrações em determinadas espécies, tanto no período atual como em outro anterior, manifesta-se de outro modo mais geral. Gould me fez observar, há tempos, que nos gêneros de aves que se estendem por todo o mundo, muitas das espécies têm uma enorme distribuição geográfica. É difícil duvidar que essa regra seja geralmente verdadeira, ainda que difícil de provar. Nos mamíferos, vemos isso notavelmente manifesto nos quirópteros[18], e em menor grau nos felinos e caninos. A mesma regra vemos na distribuição das borboletas e coleópteros[19]. O mesmo ocorre com a maioria dos habitantes da água doce, pois muitos dos gêneros de classes mais diferentes se estendem por todo o mundo, e muitas das espécies têm uma enorme distribuição geográfica. Não se pretende que todas as espécies dos gêneros que se estendem muito tenham uma enorme distribuição geográfica, mas algumas delas a têm. Também não se pretende que as espécies desses gêneros tenham em média uma distribuição muito grande, pois isso dependerá muito de até onde tenha chegado o processo de modificação; por exemplo: se duas variedades da mesma espécie vivem uma na Europa e outra na América, a espécie terá uma distribuição geográfica imensa; mas se a variação fosse levada um pouco mais adiante, as duas variedades seriam consideradas como espécies diferentes e sua distribuição se reduziria muito. Ainda menos se pretende que as espécies que são capazes de atravessar os obstáculos e de estender-se muito – como no caso de determinadas aves de potentes asas – que se estendam muito, pois nunca devemos esquecer que se estender muito implica, não só a faculdade de atravessar os obstáculos, mas também a faculdade mais importante de vencer, em terras distantes, a luta pela vida com rivais estrangeiros. Mas, segundo a hipótese de que todas as espécies de um gênero, ainda que se achem distribuídas até pelos pontos mais distantes da terra, descenderam de um só progenitor, devemos encontrar – e acredito que, por regra geral, encontremos – que algumas, pelo menos, têm uma distribuição geográfica muito extensa.

Devemos compreender que muitos gêneros de todas as classes são de origem antiga, e nesse caso as espécies terão tido tempo de sobra para sua dispersão e modificação subsequente. Há motivos para crer, pelas provas geológicas, que dentro de cada uma das grandes classes os organismos inferiores mudam menos rapidamente do que os superiores e, portanto, terão tido mais probabilidades de estender-se muito e de conservar ainda o mesmo caráter específico. Esse fato, unido ao de que as sementes e ovos da maioria das formas orgânicas inferiores são muito pequenos e mais adequados para o transporte a grande distância, explica provavelmente uma lei, observada há tempos e discutida ultimamente por Alph. de Candolle no que se refere às plantas, ou seja, que quanto mais abaixo na escala está situado um grupo de organismos, tanto mais extensa é sua distribuição geográfica. As relações que se acabam de discutir – a saber: que os organismos inferiores têm maior extensão geográfica do que os superiores; que algumas das espécies dos gêneros de grande extensão se difundem mais facilmente; fatos tais como o de que as produções alpinas, lacustres e palustres estejam geralmente relacionadas com as que vivem nas terras baixas e terras secas circundantes; o notável parentesco entre os habitantes das ilhas e os da terra firme mais próxima; o parentesco ainda mais estreito dos diferentes habitantes das ilhas de um mesmo arquipélago – são inexplicáveis dentro da opinião usual da criação independente de cada espécie, mas são explicáveis se admitimos a colonização desde a origem mais próxima e fácil, unida à adaptação subsequente dos colonos a sua nova pátria.

Resumo do Presente Capítulo e do Anterior

Nestes capítulos me esforcei em demonstrar que se reconhecemos nossa ignorância em relação aos efeitos das mudanças de clima e do nível da terra que é seguro que tenham ocorrido dentro do período moderno e de outras mudanças que provavelmente ocorreram; se recordarmos nossa grande ignorância a respeito dos muitos curiosos meios de transporte ocasional; se entendemos – e é essa uma consideração importantíssima – com que frequência uma espécie pode ter-se estendido sem interrupção por toda uma vasta área e depois ter-se extinguido nas regiões intermediárias, não é insuperável a dificuldade em admitir que todos os indivíduos da mesma espécie, onde quer que se encontrem, descendem de pais comuns, e várias considerações gerais, especialmente a importância dos obstáculos de todas as classes e a distribuição análoga de subgêneros, gêneros e famílias, levam-nos a essa conclusão, a que chegaram muitos naturalistas com a denominação de centros *únicos de criação*.

No que se refere às diferentes espécies que pertencem a um mesmo gênero, as quais, segundo nossa teoria, propagaram-se partindo de uma origem comum; se temos em conta, como antes, nossa ignorância e recordamos que algumas formas orgânicas mudaram muito lentamente, pelo que é necessário conceder períodos enormes de tempo para suas emigrações, as dificuldades distam muito de ser insuperáveis, ainda que nesse caso, como nos indivíduos da mesma espécie, sejam com frequência grandes.

Como exemplo dos efeitos das mudanças de clima na distribuição, tentei demonstrar o papel importantíssimo que representou o último período glacial, que exerceu sua ação inclusive nas regiões equatoriais e que durante as alternativas de frio no Norte e no Sul permitiu misturar-se às produções dos hemisférios opostos e deixou algumas delas abandonadas nos cumes das montanhas de todas as partes do mundo. Para mostrar quão variados são os meios ocasionais de transporte discuti longamente os meios de dispersão das produções de água doce.

Se não são insuperáveis as dificuldades para admitir que ao longo do tempo todos os indivíduos da mesma espécie, e também de diferentes espécies pertencentes a um mesmo gênero, tenham procedido de uma só origem, então todos os grandes fatos capitais da distribuição geográfica são explicáveis dentro da teoria da emigração unida à modificação subsequente e à multiplicação das formas novas. Desse modo podemos compreender a suma importância dos obstáculos, de terra, de água, que não só separam, parecem determinar as diferentes províncias botânicas e zoológicas. Desse modo podemos compreender a concentração de espécies afins nas mesmas regiões e por que em diferentes latitudes, por exemplo, na América do Sul, os habitantes das planícies e montanhas, dos bosques, pântanos e desertos, estão ligados mutuamente de um modo tão misterioso e estão também ligados com os seres extintos que em outro tempo viveram no mesmo continente. Tendo em vista que a relação mútua entre os organismos é de suma importância, podemos explicar por que estão com frequência habitadas por formas orgânicas muito diferentes duas regiões que têm quase as mesmas condições físicas: segundo o espaço de tempo que decorreu desde que os colonos chegaram a uma das regiões ou a ambas a natureza da comunicação que permitiu a determinadas formas e não a outras chegar, em maior ou em menor número; que os que penetraram entrassem em concorrência mais ou menos direta com os nativos, e que os emigrantes fossem capazes de variar com mais ou menos rapidez; disso tudo resultariam as duas ou mais regiões de vida infinitamente variadas, independentemente de suas condições físicas, pois teria um conjunto quase infinito de ações e reações orgânicas e encontraríamos uns grupos de seres extraordinariamente modificados e outros só ligeiramente, uns desenvolvidos poderosamente e outros existindo só em escasso número, e isso é o que encontramos nas diversas grandes províncias geográficas do mundo.

Segundo esses mesmos princípios podemos compreender, como me esforcei em demonstrar por que as ilhas oceânicas têm de ter poucos habitantes e desses uma grande proporção de características peculiares, e por que, em relação com os meios de emigração, um grupo de seres tem de ter todas as suas espécies peculiares e outro, ainda dentro da mesma classe, tem de ter todas as suas espécies iguais às de uma parte adjacente da terra. Podemos compreender por que grupos inteiros de organismos, como os mamíferos terrestres e os batráquios, faltam nas ilhas oceânicas, enquanto as ilhas mais isoladas possuem suas próprias espécies peculiares de mamíferos aéreos ou morcegos. Podemos compreender por que nas ilhas existe certa relação entre a presença de mamíferos em estado mais ou menos modificado e a profundidade do mar entre elas e a terra firme. Podemos ver claramente por que todos os habitantes de um arquipélago, ainda que especificamente diferentes nas diferentes ilhas, estão muito relacionados entre si e têm de estar também relacionados, ainda que menos estreitamente, com os do continente mais próximo ou outra origem de onde possam ter provindo os emigrantes. Podemos ver por que, se existem espécies extraordinariamente afins ou representativas em duas regiões, por mais distantes que estejam uma da outra, quase sempre se encontram algumas espécies idênticas. Como o distinto Edward Forbes assinalou com insistência, existe um notável paralelismo nas leis da vida no tempo e no espaço; pois as leis que regem a sucessão de formas no passado são quase iguais àquelas que regem atualmente as diferenças entre as diversas regiões. Vemos isso em muitos fatos. A duração de cada espécie ou grupos de espécies é contínua no tempo, pois as aparentes exceções a essa regra são tão poucas, que podem perfeitamente atribuir-se a que não descobrimos até agora, num depósito intermediário, as formas que faltam nele, mas que se apresentam tanto acima como abaixo: de igual modo, é correta a regra geral de que a extensão habitada por uma só espécie ou por um grupo de espécies é contínua, e as exceções, que não são raras, podem explicar-se, como tentei demonstrar, por emigrações anteriores em circunstâncias diferentes, ou por meios ocasionais de transporte, ou porque as espécies se extinguiram nos espaços intermediários. Tanto no tempo como no espaço, as espécies e grupos de espécies têm seus pontos de desenvolvimento máximo. Os grupos de espécies que vivem dentro do mesmo território estão com frequência caracterizados em comum por características pouco importantes, como a cor ou relevos.

Considerando a longa sucessão de idades passadas e considerando as diferentes províncias de todo o mundo, vemos que em certas classes as espécies diferem pouco umas de outras, enquanto as de outras classes, ou simplesmente de uma seção diferente da mesma ordem, diferem bem mais. Tanto no tempo como no espaço, as formas de organização inferior de cada classe mudam geralmente menos do que as de organização superior; mas em ambos os casos existem notáveis exceções a essa regra. Segundo nossa teoria, compreendem-se essas diferentes relações através do espaço e do tempo; portanto, se consideramos as formas orgânicas afins que se modificaram durante as idades sucessivas, como se consideramos as que se modificaram depois de emigrar a regiões distantes, em ambos os casos estão unidas pelo mesmo vínculo da geração ordinária e em ambos os casos as leis de variação foram as mesmas e as modificações se acumularam pelo mesmo meio da seleção natural.

Capítulo XIV

Afinidades mútuas dos seres orgânicos – Morfologia Embriologia – Órgãos rudimentares

CLASSIFICAÇÃO: Grupos subordinados – Sistema natural – Regras e dificuldades na classificação explicadas na teoria da descendência com modificação – Classificação das variedades – A descendência utilizada sempre na classificação – Caracteres analógicos ou de adaptação – Afinidade geral, complexa e radiante – A extinção separa e define os grupos – MORFOLOGIA: Entre os membros de uma mesma classe e entre os órgãos do mesmo indivíduo – EMBRIOLOGIA: Suas leis explicadas por variações que não ocorrem numa idade precoce e que são herdadas na idade correspondente – ÓRGÃOS RUDIMENTARES: Explicação de sua origem – Resumo

Classificação

Desde o período mais remoto na história do mundo se tem visto que os seres orgânicos se parecem entre si em graus descendentes, de maneira que podem ser classificados em grupos subordinados uns aos outros. Essa classificação não é arbitrária, como agrupar as estrelas em constelações. A existência de grupos teria sido de significação singela se um grupo tivesse sido adaptado exclusivamente a viver em terra e outro na água; um a alimentar-se de carne e outro de matérias vegetais, e assim sucessivamente; mas o caso é muito diferente, pois é notório que, muito comumente, têm costumes diferentes membros até de um mesmo subgrupo. Nos capítulos II e IV, a respeito da Variação e da Seleção Natural, tentei demonstrar que em cada região as espécies que mais variam são as de vasta distribuição, as comuns e difusas, isto é, as espécies predominantes que pertencem aos gêneros maiores dentro de cada classe. As variedades ou espécies incipientes, produzidas desse modo, convertem-se, ao fim, em espécies novas e diferentes, e estas, segundo o princípio da herança, tendem a produzir espécies novas e dominantes. Portanto, os grupos que atualmente são grandes, e que geralmente compreendem muitas espécies predominantes, tendem a continuar aumentando em extensão. Tentei além disso demonstrar como os descendentes que variam de cada espécie tentam ocupar o maior número de lugares possíveis e o maior número de seres diferentes na economia da natureza tendem constantemente a divergir em suas características. Essa última conclusão se apoia na observação da grande diversidade de forma que dentro de qualquer pequena região entram em íntima concorrência e em certos casos de adaptação.

Também tentei demonstrar que nas formas que estão aumentando em número e divergindo em características há uma constante tendência a suplantar e exterminar as formas precedentes menos divergentes e aperfeiçoadas. Desejo que o leitor volte ao quadro que ilustra, segundo antes se explicou, a ação desses diferentes princípios e verá que o resultado inevitável é que os descendentes modificados, procedentes de um progenitor, fiquem separados em grupos subordinados a outros grupos. No quadro, cada letra da linha superior pode representar um gênero que compreende várias espécies, e todos os gêneros dessa linha superior formam juntos uma classe, pois todos descendem de um remoto antepassado e, portanto, herdaram algo em comum. Mas os três gêneros da esquerda têm, segundo o mesmo princípio, muito em comum e formam uma subfamília diferente da que contém os dois gêneros situados a sua direita, que divergiram partindo de um antepassado comum no quinto grau genealógico. Esses cinco gêneros têm, pois, muito em comum, ainda que menos do que os agrupados em subfamílias, e formam uma família diferente da que compreende os três gêneros situados ainda mais à direita, que divergiram num período mais antigo. E todos esses gêneros que descendem formam uma ordem diferente dos gêneros que descendem de I; de maneira que temos aqui muitas espécies que descendem de um só progenitor agrupadas em gêneros, e os gêneros em subfamílias, famílias e ordens, todos numa grande classe. A meu ver, desse modo se explica o importante fato da subordinação natural dos seres orgânicos em grupos subordinados a outros grupos; fato que, por ser-nos familiar, nem sempre nos chama muito a atenção. Indubitavelmente, os seres orgânicos, como todos os outros objetos, podem classificar-se de muitas maneiras, já artificialmente por características isoladas, já mais naturalmente por numerosas características. Sabemos, por exemplo, que os minerais e os corpos elementares podem ser classificados desse modo. Nesse caso é evidente que não há relação alguma com a sucessão genealógica, e não pode atualmente ser destacada nenhuma razão para sua divisão em grupos. Mas nos seres orgânicos o caso é diferente, e a hipótese antes dada está de acordo com sua ordem natural em grupos subordinados, e nunca se tentou outra explicação.

Os naturalistas, como vimos, tentam ordenar as espécies, gêneros e famílias dentro de cada classe segundo o que se chama o *sistema natural;* mas que quer dizer esse sistema? Alguns autores o consideram simplesmente como um sistema para ordenar os seres vivos que são mais parecidos e para separar os mais diferentes, ou como um método artificial de enunciar o mais brevemente possível proposições gerais, isto é, com uma só frase dar os caracteres comuns, por exemplo, a todos os mamíferos; por outra, os comuns a todos os carnívoros ou os comuns ao gênero dos cães, e então, adicionando uma só frase, dar uma descrição completa de cada espécie de cachorro. A ingenuidade e utilidade desse sistema são indiscutíveis. Mas muitos naturalistas creem que por sistema *natural* se entende algo mais: creem que revela o plano do Criador; mas, a não ser que se especifique se pelo plano do Criador se entende a ordem no tempo ou no espaço, ou em ambos, ou que outra coisa se entende, parece-me que assim não se adiciona nada ao nosso conhecimento. Expressões tais como a famosa de Linneo, com a qual frequentemente nos encontramos numa forma mais ou menos velada, ou seja, que os caracteres não fazem o gênero, senão que o gênero dá os caracteres, parecem implicar que em nossas classificações há um laço mais profundo do que a simples semelhança. Acredito que assim é, e que a comunidade de descendência – única causa conhecida de estreita semelhança nos seres orgânicos – é o laço que, conquanto observado em diferentes graus de modificação, revela-nos, em parte, nossas classificações.

Consideremos agora as regras que se seguem na classificação e as dificuldades que se encontram, dentro da suposição de que a classificação, ou bem dá algum plano desconhecido de criação ou bem é simplesmente um sistema para enunciar proposições gerais e para reunir as formas mais semelhantes. Podia ter-se acreditado – e antigamente se acreditou – que aquelas partes da conformação que determinam os costumes e o lugar geral de cada ser na economia da natureza teriam de ter suma importância na classificação. Nada pode ser mais falso. Ninguém considera como de importância a semelhança externa entre um rato e um musaranho, entre um elefante marinho e uma baleia, ou entre uma baleia e um peixe. Essas semelhanças, ainda que tão intimamente unidas a toda a vida do ser, consideram-se como simples *caracteres de adaptação e de analogia;* mas já insistiremos sobre a consideração dessas semelhanças. Pode-se inclusive dar como regra geral que qualquer parte da organização, quanto menos se relacione com costumes especiais tanto mais importante é para a classificação. Por exemplo, Owen, ao falar do elefante marinho, diz: "Os órgãos da geração, por ser os que estão mais remotamente relacionados com os costumes e alimentos de um animal, considerei sempre que proporcionam indicações claríssimas sobre suas verdadeiras afinidades. Nas modificações desses órgãos estamos menos expostos a confundir um caráter simplesmente de adaptação com um caráter essencial." Quão notável é que, nas plantas, os órgãos vegetativos, dos quais sua nutrição e vida dependem, sejam de pouca significação, enquanto os órgãos de reprodução, com seu produto, semente e embrião, sejam de suma importância! Da mesma maneira também, ao discutir anteriormente certos caracteres morfológicos que não têm importância funcional, temos visto que, com frequência, são de grande utilidade na classificação. Depende isso de sua constância em muitos grupos afins, e sua constância depende principalmente de que as variações pequenas não tenham sido conservadas e acumuladas pela seleção natural, que age só sobre caracteres úteis. Que a importância meramente fisiológica de um órgão não determina seu valor para a classificação está quase provado pelo fato de que em grupos afins, nos quais o mesmo órgão – segundo fundadamente supomos – tem quase o mesmo valor fisiológico, é muito diferente em valor para a classificação. Nenhum naturalista pode ter trabalhado muito tempo num grupo sem ter se impressionado por esse fato, reconhecido plenamente nos escritos de quase todos os autores. Bastará citar uma grande autoridade, Robert Brown, que, ao falar de certos órgãos nas proteáceas, diz que sua importância genérica, "como a de todas as suas partes, é muito desigual, e em alguns casos parece que se perdeu por completo, não só nessa família senão, como notei, em todas as famílias naturais". Além disso, em outra obra diz que os gêneros das *Connaraceae* "diferem em quem tem um ou mais ovários, na existência ou falta de *albúmen*, na estivação imbricada ou valvular. Qualquer desses caracteres, separadamente, é, com frequência, de importância mais do que genérica, apesar de que, nesse caso, ainda que se tomem todos juntos, são insuficientes para separar os *Cnestis* dos *Connarus*". Para citar um exemplo de insetos: numa das grandes divisões dos himenópteros, as antenas, como observou Westwood, são de conformação extraordinariamente constante; em outra divisão, diferem muito e as diferenças são de valor completamente secundário para a classificação; no entanto, ninguém dirá que as antenas, nessas duas divisões da mesma ordem, são de importância fisiológica desigual. Poderia ser citado um número grandíssimo de exemplos da importância variável para a classificação de um mesmo órgão importante dentro do mesmo grupo de seres.

Além disso, ninguém dirá que os órgãos rudimentares ou atrofiados sejam de grande importância fisiológica ou vital e, no entanto, indubitavelmente, órgãos nesse estado são com frequência de muito valor para a classificação. Ninguém discutirá que os dentes rudimentares da mandíbula superior dos ruminantes jovens e certos ossos rudimentares de sua pata são utilíssimos para mostrar a estreita afinidade entre os ruminantes e os paquidermes. Robert Brown insistiu sobre o fato de que a posição das flores rudimentares é de suma importância na classificação das gramíneas.

Poder-se-ia citar numerosos exemplos de caracteres procedentes de partes que poderiam considerar-se como de importância fisiológica insignificante, mas que universalmente se admite que são utilíssimos na definição de grupos inteiros; por exemplo: que tenha ou não uma comunicação aberta entre as aberturas nasais e a boca, única característica, segundo Owen, que separa em absoluto os peixes e os répteis; a inflexão do ângulo da mandíbula inferior nos marsupiais: o modo como estão pregueadas as asas dos insetos; a cor única em determinadas algas; a simples pubescência em partes da flor nas gramíneas; a natureza da envoltura cutânea, como o pelo e as penas, nos vertebrados. Se o *Ornithorhynchus* fosse coberto de penas em vez de pelos, essa característica externa e insignificante teria sido considerada pelos naturalistas como um auxílio importante para determinar o grau de afinidade desse estranho ser com as aves.

A importância, para a classificação, dos caracteres insignificantes depende de que sejam correlativos de outros muitos caracteres de maior ou menor importância. Efetivamente é evidente o valor de um conjunto de caracteres em História Natural. Portanto, como se observou muitas vezes, uma espécie pode separar-se de seus afins por diversos caracteres, tanto de grande importância fisiológica como de constância quase geral, e não nos deixar, no entanto, dúvida alguma de como tem de ser classificada. Consequentemente uma classificação fundamentada numa só característica, por importante que seja, fracassou sempre, pois nenhuma parte da organização é de constância absoluta. A importância de um conjunto de caracteres ainda que nenhum seja importante, explica por si só o brocardo enunciado por Linneo de que os caracteres não dão o gênero, senão que o gênero dá os caracteres; pois este parece fundamentado na apreciação de detalhes de semelhança demasiado ligeiros para serem definidos. Certas plantas pertencentes às malpighiáceas levam flores perfeitas e flores atrofiadas; nestas últimas como observou A. de Jussieu, "desaparecem a maioria dos caracteres próprios da espécie, do gênero, da família, da classe, e desse modo escapam de nossa classificação". Quando a *Aspicarpa* produziu na França, durante vários anos, somente essas flores degeneradas que se afastam assombrosamente do tipo próprio da ordem em muitos dos pontos mais importantes de conformação, Richard, não obstante, viu sagazmente, como observa Jussieu, que esse gênero tinha de ser conservado entre as malpighiáceas. Esse caso é um bom exemplo do espírito de nossas classificações.

Praticamente, quando os naturalistas estão em seu trabalho, não se preocupam com o valor fisiológico dos caracteres que utilizam ao definir um grupo ou ao assinalar uma espécie determinada. Se encontram um caráter quase uniforme e comum a um grande número de formas, e que não existe em outras utilizam-no como um caráter de grande valor; se é comum a um número menor de formas, utilizam-no como um caráter de valor secundário. Alguns naturalistas reconheceram plenamente esse princípio como o único verdadeiro; mas nenhum o fez com maior clareza do que o excelente botânico

Aug. Saint-Hilaire. Se vários caracteres insignificantes se encontram sempre combinados, ainda que não possa descobrir-se entre eles nenhum laço aparente de conexão, atribui-se a eles especial valor. Como na maioria dos grupos de animais, órgãos importantes, tais como os de propulsão do sangue, os da aeração deste ou os de propagação da espécie, são quase uniformes, são considerados como utilíssimos para a classificação; mas em alguns grupos se observa que todos esses – os órgãos vitais mais importantes – oferecem caracteres de valor completamente secundário. Assim, segundo recentemente observou Fritz Muller, no mesmo grupo de crustáceos, *Cypridina* está provido de coração enquanto em gêneros extraordinariamente afins – *Cypris* e *Cytherea* – não existe esse órgão. Uma espécie de Cypridina tem brânquias bem desenvolvidas, enquanto outra está desprovida delas.

Podemos compreender por que os caracteres procedentes do embrião tenham de ser de igual importância aos procedentes do adulto, pois uma classificação natural compreende evidentemente todas as idades; mas dentro da teoria comum não está de modo algum claro que a estrutura do embrião tenha de ser mais importante para esse fim do que a do adulto, que desempenha só seu papel completo na economia da natureza. No entanto, os grandes naturalistas Milne Edwards e Agassiz concluíram que os caracteres embriológicos são os mais importantes de todos, e essa doutrina foi admitida quase universalmente como verdadeira. No entanto, foi às vezes exagerada, por não terem sido excluídos os caracteres de adaptação das larvas; para demonstrar isso, Fritz Muller ordenou, mediante esses únicos caracteres, a grande classe dos crustáceos, e essa maneira de ordená-los não resultou ser natural. Mas é indubitável que os caracteres embrionários – excluindo os caracteres larvários – sejam de sumo valor para a classificação, não só nos animais, mas também nas plantas. Assim, as divisões principais das fanerógamas estão fundamentadas em diferenças existentes no embrião – no número e posição dos cotilédones e no modo de desenvolvimento da plúmula e radícula. Compreenderemos imediatamente por que esses caracteres possuem um valor tão grande na classificação pelo fato de o sistema natural ser genealógico em sua disposição.

Nossas classificações muitas vezes estão evidentemente influenciadas por laços de afinidades. Nada mais fácil do que definir um grande número de caracteres comuns a todas as aves; mas nos crustáceos até agora, foi impossível uma definição dessa natureza. Nos extremos opostos da série se encontram crustáceos que raramente têm um caráter comum e, no entanto, as espécies em ambos os extremos, por estar evidentemente relacionadas com outras e essas com outras, e assim sucessivamente, pode-se reconhecer que indubitavelmente pertencem a essa classe de articulados e não a outra. A distribuição geográfica se empregou muitas vezes, ainda que talvez não do tudo logicamente, na classificação, sobretudo em grupos muito grandes de espécies muito afins. Temminck insiste sobre a utilidade, e ainda a necessidade, desse método em certos grupos de aves, e foi seguido por vários entomólogos e botânicos.

Finalmente, no que se refere ao valor relativo dos diferentes grupos de espécies, tais como ordens, subordens, famílias, subfamílias e gêneros, parece-me, pelo menos atualmente, quase arbitrário. Alguns dos melhores botânicos, como o senhor Bentham e outros, insistiram muito sobre seu valor arbitrário. Poderia citar-se exemplos, nas plantas e insetos, de um grupo considerado ao princípio por naturalistas experimentados só como gênero, e depois elevado à categoria de subfamília ou família, e isso se fez, não porque novas investigações tenham descoberto diferenças importantes de conformação que passaram inadvertidas, mas porque se descobriram depois numerosas espécies afins com pequenos graus de diferença.

Todos os suportes, regras e dificuldades precedentes na classificação podem explicar-se, se não me engano muito, admitindo que o sistema natural esteja fundado na descendência com modificação; que os caracteres que os naturalistas consideram como demonstrativos de verdadeira afinidade entre duas ou mais espécies são os que foram herdados de um antepassado comum, pois toda classificação verdadeira é genealógica; a comunidade de descendência é o laço oculto que os naturalistas têm procurado inconscientemente, e não um plano desconhecido de criação ou o enunciado de proposições gerais ao juntar e separar simplesmente objetos mais ou menos semelhantes.

Mas devo explicar mais completamente meu pensamento. Acredito que a ordenação dos grupos dentro de cada classe, com a devida subordinação e relação mútuas, para que seja natural, deve ser rigorosamente genealógica; a *quantidade* de diferença nos diferentes ramos ou grupos, ainda que sejam parentes no mesmo grau de consanguinidade com seu antepassado comum, pode diferir muito, sendo isso devido aos diferentes graus de modificação que tenham experimentado, e isso se expressa classificando as formas em diferentes gêneros, famílias, seções e ordens. O leitor compreenderá melhor o que se pretende dizer recorrendo ao quadro do capítulo IV. Suponhamos que as letras A e L representam gêneros afins que existiram durante a época siluriana[20], descendentes de alguma forma ainda mais antiga. Em três desses gêneros (A, F e I), uma espécie transmitiu até hoje descendentes modificados, representados pelos quinze gêneros ($a14$ a $z14$) da linha superior horizontal. Assim sendo, todos esses descendentes modificados de uma só espécie estão relacionados no mesmo grau pelo sangue ou descendência; metaforicamente, podem todos ser chamados primos no mesmo milionésimo grau, e, no entanto, diferenciam-se muito e em diferente medida uns de outros. As formas descendentes de A, separadas agora em duas ou três famílias, constituem uma ordem diferente dos descendentes de I, divididas também em duas famílias. Tampouco as espécies existentes que descendem de A podem ser classificadas no mesmo gênero que o antepassado A, nem as descendentes de I no mesmo gênero que seu antepassado I. Mas o gênero vivente $f14$ pode supor-se que se modificou muito pouco, e então se classificará num gênero com seu antepassado F, do mesmo modo que um reduzido número de organismos ainda existentes pertencem a gêneros silurianos. De maneira que chegou a ser muito diverso o valor relativo das diferenças entre esses seres orgânicos, que estão todos mutuamente relacionados pelo mesmo grau de consanguinidade. No entanto, sua *ordenação* genealógica permanece rigorosamente exata, não só na atualidade, senão em todos os períodos genealógicos sucessivos. Todos os descendentes de A terão herdado algo em comum de seu antepassado comum, o mesmo que todos os descendentes de I; o mesmo ocorrerá em cada ramo secundário de descendentes e em cada período sucessivo. No entanto, se supomos que um descendente de A ou de I se chegou a se modificar tanto que perdeu todas as impressões de seu parentesco, nesse caso se terá perdido seu lugar no sistema natural, como parece ter ocorrido com alguns organismos vivos. Todos os descendentes do gênero F na totalidade de sua linha de descendência se supõe que se modificaram muito pouco e que formam um só gênero; mas esse gênero, ainda que muito isolado, ocupará ainda sua própria posição intermediária. A representação dos grupos, tal como se dá no quadro, sobre uma superfície plana é demasiado simples. Os ramos teriam de ter divergido em todas as direções. Se os nomes dos grupos tivessem sido escritos simplesmente em série linear, a representação teria sido ainda menos natural, e evidentemente é impossível representar numa série ou numa superfície plana as afinidades que descobrimos na natureza entre os seres do mesmo grupo. Assim, pois, o sistema natural é genealógico em sua ordenação, como uma árvore genealógica; mas a quantidade de modificação que experimentaram os diferentes grupos não pode expressar-se distribuindo-os nos que se chamam *gêneros, sublanzilias, famílias, seções, ordens* e *classes*.

Valeria a pena explicar esse modo de considerar essa classificação tomando o caso das línguas Se possuíssemos uma genealogia perfeita da Humanidade, a árvore genealógica das raças humanas nos daria a melhor classificação das diferentes línguas que hoje se falam em todo o mundo, e se tivessem de incluir-se todas as línguas mortas e todos os dialetos intermediários que lentamente mudam, esse ordenamento seria o único possível. No entanto, poderia ser que algumas línguas antigas se tivessem alterado muito pouco e tivessem dado origem a um pequeno número de línguas vivas, enquanto outras se tivessem alterado muito, devido à difusão, isolamento e grau de civilização das diferentes raças condescendentes, e desse modo tivessem dado origem a muitos novos dialetos e línguas. Os diversos graus de diferença entre as línguas de um mesmo tronco teriam de se expressar mediante grupos subordinados a outros grupos; mas a distribuição própria, e ainda a única possível, seria sempre a genealógica, e esta seria rigorosamente natural, porque enlaçaria todas as línguas vivas e mortas mediante suas maiores afinidades e daria a filiação e origem de cada língua.

De acordo com essa opinião, propomos uma olhadela na classificação das variedades que se sabe ou se crê que descendem de uma só espécie. As variedades se agrupam dentro das espécies e as subvariedades dentro das variedades, e em alguns casos, como no da pomba doméstica, em outros variados graus de diferença. Ao classificar as espécies, seguem-se quase as mesmas regras. Os autores insistiram a respeito da necessidade de agrupar as variedades segundo um sistema natural, em lugar de fazê-lo segundo um sistema artificial; não vamos então classificar juntas duas variedades de ananás, simplesmente porque seu fruto, apesar de ser a parte mais importante, ser quase idêntico. Ninguém coloca juntos o rabanete e o nabo da Suécia, ainda que suas raízes grossas e comestíveis sejam tão parecidas. Uma parte, qualquer que seja, que se vê que é muito constante, é utilizada para classificar as variedades; assim, o grande agricultor Marshall diz que os chifres são úteis para esse fim no gado bovino porque são menos variáveis do que a forma ou a cor do corpo etc., enquanto nos carneiros os chifres são menos úteis para esse objetivo, por ser menos constantes. Ao classificar as variedades observo que, se tivéssemos uma genealogia verdadeira, a classificação genealógica seria universalmente preferida, e esta foi tentada em alguns casos: podemos estar seguros de que – tenha tido pouca ou muita modificação – o princípio da herança tem de manter juntas as formas que sejam afins no maior número de pontos. Nas pombas cambalhota, ainda que algumas das subvariedades difiram na importante característica do comprimento do bico, todas estão unidas por terem o hábito de dar cambalhotas; mas a raça de face curta perdeu esse hábito por completo ou quase por completo; apesar disso, essas pombas cambalhota se conservam no mesmo grupo, por serem consanguíneas e parecidas sob outros aspectos.

No que se refere às espécies em estado natural, todos os naturalistas introduziram de fato a descendência em suas classificações, pois no grau inferior, o da espécie, incluem os dois sexos, e todo naturalista sabe quanto diferem estes às vezes em aspectos importantíssimos; raramente pode enunciar-se um só aspecto comum aos machos adultos e aos hermafroditas de certos cirrípedes e, no entanto, ninguém sonha em separá-los. Logo depois como se soube que as três formas de orquídea *Monachanthus*, *Myanthus* e *Catasetum*, que anteriormente se tinham considerado como três gêneros diferentes, eram produzidas às vezes numa mesma planta, foram consideradas imediatamente como variedades, e atualmente pude demonstrar que são as formas masculina, feminina e hermafrodita da mesma espécie. O naturalista inclui numa espécie os diferentes estados larvais de um mesmo indivíduo, por mais que possam diferir entre si e do indivíduo adulto, o mesmo que as chamadas gerações alternantes de Steenstrup, que só num sentido técnico podem ser considerados como o mesmo indivíduo. O naturalista inclui na espécie os monstros e as variedades, não por sua semelhança parcial com a forma mãe, mas porque descendem dela.

Como o critério de descendência foi universalmente empregado ao classificar juntos os indivíduos de uma mesma espécie, ainda que os machos e fêmeas e larvas sejam às vezes muito diferentes, e como foi utilizado ao classificar variedades que experimentaram certa modificação, considerável às vezes, não poderia esse mesmo elemento da descendência ter sido utilizado inconscientemente ao agrupar as espécies em gêneros e os gêneros em grupos superiores, todos dentro do chamado sistema natural? Eu creio que foi usado inconscientemente, e só assim posso compreender as diferentes regras e normas seguidas por nossos melhores sistemáticos. Como não temos genealogias escritas, vemo-nos forçados a deduzir a comunidade de origem por semelhanças de todas as classes. No entanto, escolhemos aquelas características menos frequentes de serem modificadas, em relação com as condições de vida a que tem estado recentemente submetida cada espécie. As estruturas rudimentares, desde esse ponto de vista, são tão boas, e ainda talvez melhores, que outras partes da organização. Não nos importa a insignificância de uma característica – como a simples inflexão do ângulo da mandíbula, o modo como está dobrada a asa de um inseto, que a pele esteja coberta de pelo ou de penas – se esta subsiste em muitas e diferentes espécies, sobretudo naquelas que têm hábitos muito diferentes, adquire um grande valor, pois só por herança de um antepassado comum podemos explicar sua presença em tantas formas com costumes tão diferentes.

Nesse caso podemos equivocar-nos no que se refere a pontos determinados de conformação, mas quando várias características, ainda que sejam insignificantes, coincidem em todo um grupo grande de seres que têm diferentes hábitos, podemos estar quase seguros, segundo a teoria da descendência, que essas características foram herdadas de um antepassado comum, e sabemos que esses conjuntos de características têm especial valor na classificação.

Podemos compreender por que uma espécie, ou um grupo de espécies, pode separar-se de seus afins em algumas de suas características mais importantes e, no entanto, podem ser classificadas com segurança junto com elas. Isso pode ser feito com segurança – e muitas vezes se faz – enquanto um número suficiente de caracteres, por pouco importantes que sejam, revela o elo oculto da origem comum.

Suponhamos duas formas que não têm um só caráter comum; no entanto, se essas formas extremas estão unidas por uma corrente de grupos intermediários, podemos deduzir em seguida sua comunidade de origem e colocá-las todas numa mesma classe.

Como sabemos que os órgãos de grande importância fisiológica – os que servem para conservar a vida nas mais diversas condições de existência – são geralmente os mais constantes, atribuímos a eles especial valor; mas se esses mesmos órgãos, em outro grupo ou seção de um grupo, diferem muito, logo lhes atribuímos menos valor em nossa classificação. Veremos em seguida por que as características embriológicas são de tanta importância na classificação. A distribuição geográfica pode às vezes ser utilmente empregada ao classificar gêneros extensos, porque todas as espécies do mesmo gênero, que vivem numa região determinada e isolada, descenderam, segundo todas as probabilidades, dos mesmos antepassados.

Semelhanças analógicas – Segundo as opiniões precedentes, podemos compreender a importantíssima diferença entre as afinidades reais e as semelhanças analógicas ou de adaptação. Lamarck foi o primeiro que chamou a atenção sobre esse assunto e foi inteligentemente seguido por Macleay e outros. As semelhanças na forma do corpo e nos membros anteriores, em forma de aletas, que existe entre o elefantes-marinhos e as baleias, e entre alguns mamíferos e os peixes, são semelhanças analógicas. Também o é a semelhança entre um rato e um musaranho (*Sorex*) que pertencem a ordens diferentes, e a semelhança ainda maior, sobre a qual insistiu o senhor Mivart, entre o rato e um pequeno marsupial (*Antechinus*) da Austrália. Essas últimas semelhanças podem explicar-se, a meu ver, por adaptação a movimentos ativos similares no meio das ervas e dos arbustos para ocultar-se dos inimigos.

Entre os insetos há inúmeros casos parecidos; assim Linneo, levado pelas aparências, classificou positivamente um inseto homóptero como lepidóptero. Vemos um pouco disso mesmo em nossas variedades domésticas, como na forma semelhante do corpo aperfeiçoado do porco chinês e do porco comum, que descenderam de espécies diferentes, e nas raízes, de largura semelhante, do rabanete e do nabo de Suécia, que é especificamente diferente. A semelhança entre o galgo e o cavalo de corrida raramente é mais caprichosa do que as analogias que encontraram alguns autores entre animais muito diferentes.

Admitindo que as características sejam de importância real para a classificação só quando revelam a genealogia, podemos compreender claramente por que os caracteres analógicos ou de adaptação ainda que sejam da maior importância para a prosperidade do ser, carecem de valor para o sistemático, pois animais que pertencem a duas linhas genealógicas completamente diferentes podem ter chegado a adaptar-se a condições semelhantes e, desse modo ter adquirido uma grande semelhança externa; mas essas semelhanças não revelarão sua consanguinidade, e tenderão a ocultá-la. Desse modo podemos compreender o aparente paradoxo de que as mesmas características sejam analógicas quando se compara um grupo com outro e mostrem verdadeiras afinidades quando se comparam entre si os membros de um mesmo grupo; assim, a forma do corpo e os membros em forma de aleta são características só analógicas quando se comparam as baleias com os peixes, pois são em ambas as classes adaptações para nadar; mas entre os diferentes membros da família das baleias a forma do corpo e os membros em forma de aleta oferecem caracteres que demonstram afinidades verdadeiras; pois como essas partes são tão semelhantes em toda a família, não podemos duvidar de que foram herdadas de um antepassado comum. O mesmo ocorre nos peixes.

Poder-se-ia citar numerosos casos de semelhanças notáveis, em seres completamente diferentes, entre órgãos ou partes determinadas que se adaptaram às mesmas funções. Um bom exemplo nos oferece a grande semelhança entre as mandíbulas do cachorro e as do lobo da Tasmânia ou *Thylacinus,* animais que estão muito separados no sistema natural. Mas essa semelhança está limitada ao aspecto geral, como a proeminência dos caninos e a forma cortante dos molares, pois os dentes na realidade diferem muito. Assim, o cachorro tem de cada lado da mandíbula superior quatro pré-molares e só dois molares, enquanto o *Thylacinus* tem três pré-molares e quatro molares; os molares em ambos os animais diferem muito em tamanho e conformação: a dentadura do adulto está precedida de uma dentadura de leite muito diferente. Todo mundo pode naturalmente negar que os dentes em ambos os casos foram adaptados a rasgar carne mediante a seleção natural de variações sucessivas; mas, se isso se admite num caso é incompreensível que tenha de negar-se em outro. Celebro ver que uma autoridade tão alta como o professor Flower chegou à mesma conclusão.

Os casos extraordinários, citados num capítulo precedente, de peixes muito diferentes que possuem órgãos elétricos, de insetos muito diferentes que possuem órgãos luminosos, e de orquídeas e asclepiadáceas que têm massas de pólen com discos viscosos, entram nesse grupo de semelhanças analógicas, ainda que esses casos sejam tão portentosos que foram apresentados como dificuldades ou objeções à nossa teoria. Em todos eles pode-se descobrir alguma diferença fundamental no crescimento ou desenvolvimento das partes e, geralmente, em sua estrutura adulta. O fim conseguido é o mesmo; os meios, ainda que superficialmente pareçam ser os mesmos, são essencialmente diferentes. O princípio mencionado antes com a denominação de variação *analógica* entra provavelmente com frequência em jogo nesses casos; isto é, os membros de uma mesma classe, ainda que só com parentesco longínquo, herdaram tanto em comum em sua constituição, que são aptos para variar de um modo semelhante por causas semelhantes de excitação e isso evidentemente teria de contribuir à aquisição, mediante seleção natural, de partes ou órgãos notavelmente parecidos entre si, independentemente de sua herança direta de um antepassado comum.

Como as espécies que pertencem a classes diferentes se adaptaram muitas vezes mediante pequenas modificações sucessivas a viver quase nas mesmas circunstâncias – por exemplo, a habitar os três elementos: terra, ar, água – podemos talvez compreender por que se observou às vezes um paralelismo numérico entre os subgrupos de diferentes classes. Um naturalista impressionado por um paralelismo dessa classe, elevando ou rebaixando arbitrariamente o valor dos grupos nas diferentes classes – e toda nossa experiência demonstra que seu valor até agora é arbitrário – poderia facilmente estender muito o paralelismo, e desse modo se originarem provavelmente as classificações septenárias, quinárias, quaternárias e ternárias.

Existe outra curiosa classe de casos em que a grande semelhança externa não depende de adaptação a costumes semelhantes, senão que se conseguiu por razão de proteção. Refiro-me ao modo maravilhoso com que certas borboletas imitam, segundo Bates descreveu pela primeira vez, a outras espécies completamente diferentes. Esse excelente observador demonstrou que em algumas regiões da América do Sul, onde, por exemplo, uma *Ithomia* abunda em brilhantes enxames, outra borboleta, uma *Leptalis,* encontra-se com frequência misturada no mesmo bando, e esta última se parece tanto com a *Ithomia* em cada risca e matiz bicolor, e até na forma de suas asas, que Bates, com sua vista aguçada pela coleta durante onze anos, enganava-se continuamente, apesar de estar sempre alerta. Quando se compara os imitadores e os imitados, constata-se que são muito diferentes em sua conformação essencial e que pertencem, não só a gêneros diferentes, mas com frequência a diferentes famílias. Se esse mimetismo ocorresse só num ou dois casos, poderia ter passado como uma coincidência estranha. Mas se saímos de uma região onde uma *Leptalis* imita a uma *Ithomia*, podemos encontrar outras espécies imitadoras e imitadas, pertencentes aos dois mesmos gêneros, cuja semelhança é igualmente estreita. Enumeraram-se nada menos que dez gêneros que compreendem espécies que imitam a outras borboletas. Os imitadores e os imitados vivem sempre na mesma região: nunca encontramos um imitador que viva longe da forma que imita. Os imitadores são quase sempre insetos raros; os imitados, em quase todos os casos, multiplicam-se até formar enxames. No mesmo distrito em que uma espécie de Leptalis imita estreitamente a uma *Ithomia*, há às vezes outros lepidópteros que remedam a mesma *Ithomia;* de maneira que no mesmo lugar se encontram três gêneros de borboletas ropalóceras e até uma heterócera, que se assemelham todas a uma borboleta ropalócera pertencente ao quarto gênero. Merece especial menção, como é possível demonstrar mediante uma série gradual, que algumas das formas miméticas de Leptalis, como algumas das formas imitadas, são simplesmente variedades da mesma espécie, enquanto outras são indubitavelmente espécies diferentes. Mas pode-se perguntar: por que determinadas formas são consideradas como imitadoras e outras como imitadas? Bates responde satisfatoriamente a essa pergunta fazendo ver que a forma que é imitada conserva a aparência do grupo a que pertence; enquanto as falsas mudaram e não se parecem com seus parentes mais próximos.

Isso nos leva em seguida a pesquisar qual a razão para que certas borboletas assumam com tanta frequência o aspecto de outra forma completamente diferente; por que a natureza, com grande assombro dos naturalistas, consentiu esses enganos. Bates, indubitavelmente, deu a verdadeira explicação. As formas imitadas, que sempre se multiplicam, têm de escapar em grande parte à destruição, pois de outro modo não poderiam existir formando tais enxames; atualmente se recolheu um grande número de provas que demonstram que são desagradáveis às aves e a outros animais insetívoros. As imitadoras que vivem na mesma região são, pelo contrário, relativamente escassas e pertencem a grupos raros; portanto, têm de sofrer habitualmente alguma destruição, pois de outra maneira, dado o número de ovos que põem todas as borboletas, ao cabo de três ou quatro gerações voariam em enxames por toda a região. Assim sendo, se um indivíduo de um desses grupos raros assumisse uma aparência tão parecida à de uma espécie bem protegida, que continuamente enganasse a vista experimentada de um entomólogo, enganaria muitas vezes a insetos e aves insetívoras, e desse modo se livrariam muitas vezes da destruição. Quase pode-se dizer que Bates foi testemunha do processo mediante o qual os imitadores chegaram a parecer-se muito com os imitados, pois constatou que algumas das formas de Leptalis que imitam a tantas outras borboletas variam em sumo grau. Numa região se apresentavam diferentes variedades, e dessas, uma só se parecia até certo ponto à *Ithomia* comum da mesma região. Em outra região havia duas ou três variedades, uma das quais era bem mais comum do que as outras, e esta imitava muito a outra forma de Ithomia. Partindo desses fatos, Bates chega à conclusão que os *Leptalis* primeiro variam, e quando ocorre que uma variedade se parece em algum grau com qualquer borboleta comum que vive na mesma região, essa variedade, por sua semelhança com uma espécie florescente e pouco perseguida, tem mais probabilidades de salvar-se de ser destruída pelos insetos e aves insetívoros e, portanto, conserva-se com mais frequência; "por ser eliminados, geração depois de geração, os graus menos perfeitos de semelhança ficam só os outros para propagar a espécie", de maneira que temos aqui um excelente exemplo de seleção natural.

    Wallace e Trimen descreveram também vários casos igualmente notáveis de imitação nos lepidópteros do Arquipélago Malaio e da África, e em alguns outros insetos. Wallace descobriu também um caso análogo nas aves, mas não temos nenhum nos mamíferos grandes. A imitação mais frequente a imitação nos insetos que em outros animais é provavelmente uma consequência de seu pequeno tamanho: os insetos não podem defender-se, exceto, evidentemente, as espécies providas de ferrão, e nunca ouvi de nenhum caso de insetos dessas espécies que imitem a outros, ainda que elas sejam imitadas; os insetos não podem facilmente escapar voando dos animais maiores que os apresam, e por isso, falando metaforicamente, estão reduzidos, como a maioria dos seres fracos, ao engano e à dissimulação.

    Temos de observar que o processo de imitação provavelmente nunca começa entre formas de cor muito diferentes; inicia-se em espécies parecidas e facilmente se pode conseguir, pelos meios antes indicados, a semelhança mais estreita. E se a forma imitada se modificou depois gradualmente por alguma causa, a forma imitadora seria levada pelo mesmo caminho e modificada desse modo quase indefinidamente; pôde então com facilidade adquirir um aspecto ou colorido completamente diferente daquele dos outros membros da família a que pertence. Sobre esse ponto existe, no entanto, certa dificuldade, pois é necessário supor que, em alguns casos, formas antigas pertencentes a vários grupos diferentes, antes de ter atingido seu estado atual, pareciam-se acidentalmente com uma forma de outro grupo protegido, em grau suficiente para que lhes proporcionasse alguma pequena proteção, tendo tornado isso base para adquirir depois a mais perfeita semelhança.

Natureza das afinidades que unem os seres orgânicos – Como os descendentes modificados das espécies dominantes que pertencem aos gêneros maiores tendem a herdar as vantagens que tornaram grandes aos grupos a que elas pertencem e que tornaram predominantes seus antepassados, é quase seguro que se estenderão muito e que ocuparão cada vez mais lugares na economia da natureza. Os grupos maiores e predominantes dentro de cada classe tendem desse modo a continuar aumentando a extensão e, em consequência, suplantam a muitos grupos menores e mais fracos.

Assim podemos explicar o fato de que todos os organismos existentes e extintos estão compreendidos num reduzido número de grandes ordens e num número menor de classes.

Como demonstração de como é pequeno o número de grupos e de quanto estão difundidos por todo o mundo, é notável o fato de que a descoberta da Austrália não adicionou um só inseto que pertença a uma nova classe, e no reino vegetal, segundo vejo pelo doutor Hooker, adicionou só duas ou três famílias de pouca extensão.

No capítulo sobre a Sucessão Geológica tentei explicar, segundo a teoria de que em cada grupo houve muita divergência de caracteres durante o longo processo de modificação por que as formas orgânicas mais antigas apresentam com frequência caracteres de algum modo intermediários entre os de grupos existentes. Como um reduzido número das formas antigas e intermediárias transmitiram até a atualidade descendentes muito pouco modificados, estes constituem as chamadas *espécies aberrantes* ou *oscilantes*.

Quanto mais aberrante é uma forma, tanto maior tende a ser o número de formas de ligação exterminadas e completamente perdidas. E temos provas de que os grupos aberrantes sofreram rigorosas extinções, pois estão representados quase sempre por pouquíssimas espécies e estas geralmente diferem muito entre si: o que também implica extinções. Os gêneros *Ornithorhynchus* e *Lepidosiren*, por exemplo, não teriam sido menos aberrantes se cada um tivesse estado representado por uma dúzia de espécies em lugar de estar, como atualmente ocorre, por uma só, ou por duas ou três. Podemos, acredito, explicar somente esse fato considerando os grupos aberrantes como formas que foram vencidas por competidores mais afortunados, ficando um diminuto número de representantes que se conservam ainda em condições extraordinariamente favoráveis.

Waterhouse observou que, quando uma forma que pertence a um grupo de animais mostra afinidade com um grupo completamente diferente, essa afinidade, na maioria dos casos, é geral e não especial; assim, segundo Waterhouse, de todos os roedores, o ratão-do--banhado é o mais relacionado com os marsupiais; mas nos pontos em que se aproxima a essa ordem, suas relações são gerais, isto é, não são maiores com uma espécie de marsupial do que com outra. Como se crê que esses pontos de afinidade são reais e não meramente adaptativos, isso é devido, de acordo com nossa teoria, à herança de um antepassado comum. Por isso teríamos de supor: ou bem que todos os roedores, inclusive o ratão-do-banhado, descenderam de algum antigo marsupial que naturalmente terá sido por seus caracteres mais ou menos intermediário com relação a todos os marsupiais existentes; ou bem que, tanto os roedores como os marsupiais, são ramificações de um antepassado comum e que ambos os grupos experimentaram depois muita modificação em direções divergentes. Segundo ambas as hipóteses, teríamos de supor que o ratão-do-banhado conservou por herança mais caracteres de seu remoto antepassado do que os outros roedores, e que por isso não estará relacionado especialmente com nenhum marsupial existente, senão indiretamente com todos ou quase todos os marsupiais, por ter conservado em parte os caracteres de seu comum progenitor ou de algum membro antigo do grupo. Por outra parte, de todos os marsupiais, segundo observou Waterhouse, o *Phascolomys* é o que se parece mais, não a uma espécie determinada, senão à ordem dos roedores em geral. Nesse caso, no entanto, há grave suspeita de que a semelhança é só analógica, devido a que o *Phascolomys* se adaptou a costumes como os dos roedores. Aug. de Candolle fez quase as mesmas observações a respeito das afinidades de diferentes famílias de plantas.

Segundo o princípio da multiplicação e divergência gradual dos caracteres das espécies que descendem de um antepassado comum, unido à conservação por herança de alguns caracteres comuns, podemos compreender as afinidades tão extraordinariamente complexas e divergentes que unem todos os membros de uma mesma família ou grupo superior; pois o antepassado comum de toda uma família, dividida agora por extinções em grupos e subgrupos diferentes, terá transmitido alguns de seus caracteres modificados, em diferentes maneiras e graus, a todas as espécies, que estarão, portanto, relacionadas entre si por linhas de afinidade tortuosas, de diferentes tamanhos, que remontam a muitos antepassados, como pode-se ver no quadro a que tantas vezes se fez referência. Do mesmo modo que é difícil fazer ver o parentesco de consanguinidade entre a numerosa descendência de qualquer família nobre e antiga, mesmo com a ajuda de uma árvore genealógica, e que é impossível fazê-lo sem esse auxílio, podemos compreender a extraordinária dificuldade que experimentaram os naturalistas ao descrever, sem o auxílio de um diagrama, as diversas afinidades que observam entre os numerosos membros existentes e extintos de uma mesma grande classe.

A extinção, como vimos no capítulo quarto, representou um papel importante em engrandecer e definir os intervalos entre os diferentes grupos de cada classe. Desse modo podemos explicar a marcante distinção de classes inteiras – por exemplo, entre as aves e todos os outros animais vertebrados – pela suposição de que se perderam por completo muitas formas orgânicas antigas, mediante as quais os primitivos antepassados estiveram em outro tempo unidos com os primitivos antepassados das outras classes de vertebrados então menos diferenciadas. Ocorreu muito menos extinção nas formas orgânicas que uniram em outro tempo os peixes com os batráquios. Ainda ocorreu menos dentro de algumas classes inteiras, por exemplo os crustáceos; pois neles as formas mais portentosamente diferentes estão ainda ligadas por uma longa corrente de afinidades só em alguns pontos interrompida.

A extinção tão só definiu os grupos: de modo algum os fez; pois se reaparecessem de repente todas as formas que em qualquer tempo viveram sobre a terra, mesmo que fosse completamente impossível dar definições pelas quais cada grupo pudesse ser distinto, ainda seria possível uma classificação natural ou, pelo menos, uma ordenação natural. Veremos isso voltando ao quadro: as letras A e L podem representar onze gêneros silurianos, alguns dos quais produziram grandes grupos de descendentes modificados com todas as formas de união para cada ramo e sub-ramo que vive ainda, e os elos de união não são maiores que os que existem entre variedades existentes. Nesse caso seria por completo impossível dar definições pelas quais os diferentes membros dos diversos grupos pudessem ser distinguidos de seus ascendentes e descendentes mais próximos. No entanto, a disposição do quadro, apesar disto, subsistiria e seria natural; pois, segundo o princípio da herança, todas as formas descendentes, por exemplo, de A teriam um pouco em comum.

Numa árvore podemos distinguir esse ou aquele ramo, ainda que na mesma forquilha os dois se unem e se confundem. Não poderíamos, como disse, definir os diversos grupos; mas poderíamos escolher tipos ou formas que representassem a maioria dos caracteres de cada grupo, grande ou pequeno, e dar assim uma ideia geral do valor das diferenças entre eles. Isso é a que nos veríamos obrigados, se pudéssemos conseguir alguma vez recolher todas as formas de alguma classe que viveram em todo tempo e lugar. Seguramente jamais conseguiremos fazer uma coleção tão perfeita; no entanto, em certas classes tendemos a esse fim, e Milne Edwards insistiu recentemente, num excelente trabalho, sobre a grande importância de observar com atenção nos tipos, possamos ou não separar e definir os grupos a que esses tipos pertencem.

Finalmente, temos visto que a seleção natural que resulta da luta pela existência e que quase inevitavelmente conduz à extinção e à divergência de caracteres nos descendentes de qualquer espécie mãe, explica o grande traço característico geral das afinidades de todos os seres orgânicos, ou seja, a subordinação de uns grupos a outros.

Utilizamos o princípio genealógico ou de descendência ao classificar numa só espécie os indivíduos dos dois sexos e os de todas as idades, ainda que possam ter muito poucos caracteres comuns; usamos a genealogia ao classificar variedades reconhecidas, por muito diferentes que sejam de suas espécies mães, e eu creio que esse princípio genealógico ou de descendência é o elo de união oculto que os naturalistas procuraram com o nome de sistema natural. Com essa ideia de que o sistema natural – na medida em que foi realizado – é genealógico por sua disposição, expressando os graus de diferença pelos termos gêneros, famílias, ordens etc., podemos compreender as regras que nos vimos obrigados a seguir em nossa classificação. Podemos compreender por que damos a certas semelhanças bem mais valor que a outras; por que utilizamos os órgãos rudimentares e inúteis, ou outros de importância fisiológica insignificante; por que ao averiguar as relações entre um grupo e outro recusamos imediatamente os caracteres analógicos ou de adaptação e, no entanto, utilizamos esses mesmos caracteres dentro dos limites de um mesmo grupo.

Podemos ver claramente por que é que todas as formas existentes e extintas podem agrupar-se num reduzido número de grandes classes e por que os diferentes membros de cada classe estão relacionados mutuamente por linhas de afinidade complicadas e divergentes. Provavelmente, jamais desenredaremos o inextricável tecido das afinidades que existem entre os membros de uma classe qualquer; mas, tendo em vista um problema determinado, e não procurando um plano desconhecido de criação, podemos esperar realizar progressos lentos, mas seguros.

O professor Häckel, em seu *Generalle Morphologie* e em outras obras, empregou seu grande conhecimento e capacidade no que ele chama *filogenia,* ou seja, as linhas genealógicas de todos os seres orgânicos. Ao formar as diferentes séries conta principalmente com os caracteres embriológicos; mas busca auxílio nos dados que proporcionam os órgãos homólogos e rudimentares, e também os sucessivos períodos em que se crê que apareceram por vez primeira em nossas formações geológicas as diferentes formas orgânicas. Desse modo começou audazmente um grande trabalho e nos mostra como a classificação será tratada no porvir.

Morfologia

Temos visto que os membros de uma mesma classe, independentemente de seus costumes, parecem-se no plano geral de sua organização. Essa semelhança se expressa frequentemente pelo termo *unidade de tipo* ou dizendo que as diversas partes e órgãos são homólogos nas diferentes espécies da classe. Todo o assunto se compreende com a denominação geral de Morfologia. É essa uma das partes mais interessantes da História Natural, e quase se pode dizer que é sua verdadeira essência. Que pode haver de mais curioso que a mão do homem, feita para agarrar; a da toupeira, feita para cavar; a pata do cavalo, a aleta da orca e a asa de um morcego, estejam todas construídas segundo o mesmo padrão e encerrem ossos semelhantes nas mesmas posições relativas? Como é curioso – para dar um exemplo menos importante, ainda que atraente – que as patas posteriores do canguru, tão bem adaptadas para saltar em planícies abertas; as do coala, trepador que se alimenta de folhas, igualmente bem adaptado para agarrar-se aos ramos das árvores; as dos musaranhos, que vivem sob a terra e se alimentam de insetos ou raízes, e as de alguns outros marsupiais australianos, estejam constituídas todas segundo o mesmo tipo extraordinário, ou seja, com os ossos do segundo e terceiro dedos bem delgados e envoltos por uma mesma pele, de maneira que se parecem como um só dedo, provido de duas unhas! Apesar dessa semelhança de modelo, é evidente que as patas posteriores desses variados animais são usadas para fins tão diferentes como se possa imaginar. Notabilíssimo é o caso do gambá[21] da América que, tendo quase os mesmos hábitos que muitos de seus parentes australianos, tem as patas construídas segundo o plano comum. O professor Flower, de quem estão tomados esses dados, observa em conclusão: "Podemos chamar isso *conformidade com o tipo,* sem aproximar-nos muito a uma explicação do fenômeno", e depois adiciona: "mas não sugere poderosamente a ideia de verdadeiro parentesco, de herança de um antepassado comum?"

Geoffroy Saint-Hilaire insistiu muito sobre a grande importância da posição relativa ou conexão nas partes homólogas: podem estas diferir quase ilimitadamente em forma e tamanho e, no entanto, permanecem unidas entre si na mesma ordem invariável; jamais encontramos transpostos, por exemplo, os ossos do braço e antebraço, da coxa e perna; consequentemente podem dar-se os mesmos nomes a ossos homólogos em animais muito diferentes. Vemos essa mesma grande lei na construção dos órgãos bucais dos insetos: que pode haver de mais diferente do que a probóscide espiral, imensamente longa, de um esfingídeo; a de uma abelha ou de uma joaninha, curiosamente dobrada, e os grandes órgãos mastigadores de um coleóptero?

No entanto, todos esses órgãos, que servem para fins muito diferentes, estão formados por modificações infinitamente numerosas de um lábio superior, mandíbulas e dois pares de maxilas. A mesma lei rege a construção dos órgãos bucais e patas dos crustáceos. O mesmo ocorre nas flores das plantas.

Nada pode ser mais inútil do que tentar explicar essa semelhança de tipo em membros da mesma classe pela utilidade ou pela doutrina das causas finais. A inutilidade de tentar isso foi expressamente reconhecida por Owen em sua interessantíssima obra *Nature of Limbs*. Segundo a teoria ordinária da criação independente de cada ser, podemos dizer somente que isso é assim; que aprouve ao Criador construir todos os animais e plantas, em cada uma das grandes classes, segundo um plano uniforme; mas isso não é uma explicação científica.

A explicação é bastante singela, dentro da teoria da seleção de pequenas variações sucessivas, por ser cada modificação proveitosa em algum modo à forma modificada; mas que afetam às vezes, por correlação, a outras partes do organismo. Em mudanças dessa natureza terá pouca ou nenhuma tendência à variação dos planos primitivos ou à transposição das partes. Os ossos de um membro puderam encurtar-se e achatar-se em qualquer medida, e ser envoltos ao mesmo tempo por uma membrana espessa para servir como uma aleta; ou numa membrana palmeada puderam todos ou alguns ossos alongar-se até qualquer dimensão, crescendo a membrana que os une de maneira que servisse de asa; e, no entanto, todas essas modificações não tenderiam a alterar a disposição de ossos ou a conexão relativa das partes. Se supomos que um remoto antepassado – o arquétipo, como pode chamar-se – de todos os mamíferos, aves e répteis teve seus membros construídos segundo o plano atual, qualquer que fosse o fim para que servissem, podemos desde logo compreender toda a significação da construção homóloga dos membros em toda a classe. O mesmo ocorre nos órgãos bucais dos insetos; basta-nos só supor que seu antepassado comum teve um lábio superior, mandíbulas e dois pares de maxilas, sendo essas partes talvez de forma sensível, e depois a seleção natural explicará a infinita diversidade na estrutura e funções dos aparelhos bucais dos insetos. No entanto, é concebível que o plano geral de um órgão possa regredir tanto que finalmente se perca, pela redução e, ultimamente, pelo abortamento completo de determinadas partes, pela fusão de outras e pela duplicação ou multiplicação de outras; variações estas que sabemos que estão dentro dos limites do possível. Nas aletas dos gigantescos répteis marinhos extintos e nas bocas de certos crustáceos sugadores, o plano geral parece ter ficado desse modo em parte alterado.

Há outro aspecto igualmente curioso deste assunto: as homologias de série, ou comparação serial das diferentes partes ou órgãos num mesmo indivíduo, e não das mesmas partes ou órgãos em diferentes seres da mesma classe. A maioria dos fisiologistas crê que os ossos do crânio são homólogos – isto é, que correspondem em número e em conexão relativa – com as partes fundamentais de um grande número de vértebras. Os membros anteriores e posteriores em todas as classes superiores de vertebrados são claramente homólogos. O mesmo ocorre com os apêndices bucais, assombrosamente complicados, e as patas dos crustáceos. É conhecido de quase todo mundo que, numa flor, a posição relativa das sépalas, pétalas, estames e pistilos, o mesmo que sua estrutura íntima, explicam-se dentro da teoria de que consistem em folhas metamorfoseadas, dispostas em espiral. Nas plantas monstruosas, muitas vezes conseguimos provas evidentes da possibilidade de que um órgão se transforme em outro, e podemos ver realmente, durante os estados prematuros ou embrionários de desenvolvimento das flores, o mesmo que em crustáceos e em muitos outros animais, órgãos que, ao chegarem a seu estado definitivo, são extraordinariamente diferentes e que no início eram exatamente iguais.

Como são inexplicáveis esses casos de homologias de série dentro da teoria ordinária da criação! Por que tem de estar o cérebro encerrado numa caixa composta de peças ósseas tão numerosas e de formas tão extraordinariamente diferentes que parecem representar vértebras? Como Owen observou, a vantagem que resulta de que as peças separadas cedam no ato do parto nos mamíferos não explica de modo algum a mesma construção nos crânios das aves e répteis. Por que teriam sido criados ossos semelhantes para formar a asa e a pata de um morcego, utilizados como o são para fins completamente diferentes, a saber: voar e andar? Por que um crustáceo, que tem um aparelho bucal muito complicado, formado de muitas partes, tem de ter sempre, em consequência, menos patas, ou, ao contrário, os que têm muitas patas têm de ter aparelhos bucais mais simples? Por que em todas as flores as sépalas, pétalas, estames e pistilos, ainda que adequados a tão diferentes fins, têm de estar construídos segundo o mesmo modelo?

Segundo a teoria da seleção natural, podemos, até certo ponto, responder a essas perguntas. Não precisamos considerar aqui como chegaram os corpos de alguns animais a dividir-se em séries de segmentos ou como se dividiram em lados direito e esquerdo com órgãos que se correspondem, pois tais questões estão quase fora do alcance da investigação. É, no entanto, provável que algumas conformações seriadas sejam o resultado de multiplicar-se as células por divisão, que ocasiona a multiplicação das partes que provêm dessas células. Bastará para nosso objeto compreender que a repetição indefinida da mesma parte ou órgão é, como Owen observou, a característica comum de todas as formas inferiores ou pouco especializadas, e, portanto, o desconhecido antepassado dos vertebrados teve provavelmente muitas vértebras; o desconhecido antepassado dos articulados, muitos segmentos, e o desconhecido antepassado das plantas fanerógamas, muitas folhas dispostas numa ou mais espirais. Também vimos anteriormente que as partes que se repetem muitas vezes estão muito sujeitas a variar, não só em número, mas também em forma. Em consequência, essas partes, existindo já em número considerável e sendo extremamente variáveis, proporcionariam naturalmente os materiais para a adaptação aos mais diferentes fins, e, no entanto, teriam de conservar, em geral, pela força da herança, traços claros de sua semelhança primitiva ou fundamental. Teriam de conservar essas semelhanças tanto mais quanto as variações que proporcionassem a base para sua modificação ulterior por seleção natural tendessem desde o princípio a ser semelhantes, por serem duas partes iguais num estado precoce de desenvolvimento e por estarem submetidas quase às mesmas condições. Essas partes, mais ou menos modificadas, seriam homólogas em série, a não ser que sua origem comum chegasse a apagar-se por completo.

Na grande classe dos moluscos, mesmo que se possa demonstrar que são homólogas as partes em diferentes espécies, só se pode indicar um reduzido número de homologias em série, tais como as valvas, dos *Chiton;* isto é, poucas vezes podemos dizer que uma parte é homóloga de outra no mesmo indivíduo. E podemos explicar esse fato, pois nos moluscos, mesmo nos membros mais inferiores da classe, não encontramos de modo algum a indefinida repetição de uma parte dada que encontramos nas outras grandes classes dos reinos animal e vegetal.

Mas a morfologia é um assunto bem mais complexo do que à primeira vista parece, como recentemente demonstrou muito bem, numa notável memória, E. Ray Lankester, que estabeleceu uma importante distinção entre certas classes de casos considerados todos igualmente como homólogos pelos naturalistas. Propõe chamar *homogêneas* as conformações que se assemelham entre si em animais diferentes, devido a sua descendência de um antepassado comum, com modificações subsequentes, e propõe chamar *homoplásticas* as semelhanças que não podem explicar-se desse modo. Por exemplo: Lankester crê que os corações das aves e mamíferos são homogêneos em conjunto, isto é, que descenderam de um antepassado comum; mas que as quatro cavidades do coração nas duas classes são homoplásticas, isto é, desenvolveram-se independentemente. Lankester alega também a estreita semelhança que existe entre as partes direita e esquerda do peito, e entre os segmentos sucessivos de um mesmo indivíduo animal, e nesse caso temos partes, comumente denominadas homólogas, que não têm relação alguma com o descender espécies diferentes de um antepassado comum. As conformações homoplásticas são as mesmas que aquelas que classifiquei, ainda que de modo muito imperfeito, como modificações analógicas ou semelhanças. Sua formação tem de atribuir-se, em parte, a organismos diferentes ou partes diferentes do mesmo organismo que variaram de um modo análogo e, em parte, em vista do mesmo fim geral ou função se conservaram modificações semelhantes; a respeito, poderiam ser citados muitos casos.

Os naturalistas falam com frequência do crânio como formado de vértebras metamorfoseadas, dos apêndices bucais dos crustáceos como de patas metamorfoseadas, dos estames e pistilos das flores como de folhas metamorfoseadas; mas na maioria dos casos seria mais correto, como observou o professor Huxley, falar do crânio e das vértebras, dos apêndices bucais e das patas como tendo provindo por metamorfoses, não uns órgãos de outros, tal como hoje existem, senão de algum elemento comum e mais simples. A maioria dos naturalistas, no entanto, emprega essa linguagem só em sentido metafórico; estão longe de pensar que, durante um longo curso de gerações, órgãos primordiais de uma classe qualquer – vértebras num caso e patas em outro – se converteram realmente em crânios e apêndices bucais; mas é tão patente que isso ocorreu, que os naturalistas dificilmente podem evitar o emprego de expressões que tenham essa clara significação. Segundo as opiniões que aqui se defendem, essas expressões podem empregar-se literalmente, e em parte fica explicado o fato portentoso de que os apêndices bucais, por exemplo, de um caranguejo conservem numerosos caracteres que provavelmente se teriam conservado por herança se se tivessem realmente originado por metamorfose de patas verdadeiras, ainda que extraordinariamente simples.

DESENVOLVIMENTO E EMBRIOLOGIA

Esse é um dos temas mais importantes de toda a História Natural. As metamorfoses dos insetos com as quais todos estamos familiarizados, efetuam-se em geral bruscamente, mediante um pequeno número de fases, embora na realidade, as transformações sejam numerosas e graduais, ainda que ocultas. Certo inseto (*Chlöen*) durante seu desenvolvimento, muda, como demonstrou J. Lubbock, umas vinte vezes, e cada vez experimenta um pouco de mudança; nesse caso vemos o ato da metamorfose realizado de um modo primitivo e gradual. Muitos insetos, e especialmente alguns crustáceos, mostram-nos que portentosas mudanças de estrutura podem efetuar-se durante o desenvolvimento. Essas mudanças, no entanto, atingem seu apogeu nas chamadas gerações alternantes de alguns dos animais inferiores.

É, por exemplo, um fato assombroso que um delicado coral ramificado, aparado por pólipos e aderido a uma rocha submarina, produza primeiro por gemação e depois por divisão transversal uma legião de esplêndidas medusas flutuantes, e que essas produzam ovos dos quais saem pequenos nadadores que aderem às rochas e, desenvolvendo-se, convertem-se em corais ramificados, e assim sucessivamente num ciclo sem fim. A crença na identidade essencial dos processos de geração alternante e de metamorfose ordinária se robusteceu muito pela descoberta, feita por Wagner, de uma larva ou verme de um díptero, a *Cecidomyia,* que produz assexuadamente outras larvas, e estas, outras, que finalmente se desenvolvem convertendo-se em machos e fêmeas adultos que propagam sua espécie por ovos da maneira usual.

Convém advertir que quando se anunciou pela primeira vez a notável descoberta de Wagner me perguntaram como era possível explicar que a larva desse díptero tivesse adquirido a faculdade de reproduzir-se assexuadamente.

Enquanto o caso foi único, não podia dar-se resposta alguma. Mas Grimm demonstrou já que outro díptero, um *Chironomus,* reproduz-se quase da mesma maneira, e crê que isso ocorre frequentemente na ordem. É a crisálida, e não a larva, do *Chironomus* a que tem essa faculdade, e Grimm assinala, além disso, que esse caso, até certo ponto, "une o da *Cecidomyia* com a partenogênese dos coccídeos"; pois a palavra partenogênese implica que as fêmeas adultas dos coccídeos são capazes de produzir ovos fecundos sem o concurso do macho.

De certos animais pertencentes a diferentes classes se sabe que têm a faculdade de reproduzir-se do modo ordinário numa idade extraordinariamente precoce, e não temos mais que adiantar a reprodução partenogenética por passos graduais até uma idade cada vez mais precoce – o *Chironomus* nos mostra um estado quase exatamente intermediário, o de crisálida – e podemos talvez explicar o caso maravilhoso da *Cecidomyia*.

Ficou estabelecido já que diversas partes do mesmo indivíduo que são exatamente iguais durante um período embrionário logo se tornam muito diferentes e servem para usos muito diferentes em estado adulto. Também se demonstrou que geralmente os embriões das espécies mais diferentes da mesma classe são muito semelhantes; mas se tornam muito diferentes ao desenvolver-se por completo. Não pode dar-se melhor prova desse último fato do que a afirmação de Von Baer que "os embriões de mamíferos, aves, sáurios e ofídios, e provavelmente de quelônios, são muito parecidos em seus estados mais jovens, tanto em conjunto como no modo de desenvolvimento de suas partes; de maneira que, de fato, muitas vezes só pelo tamanho podemos distinguir os embriões. Tenho em meu poder dois embriões em álcool, cujos nomes deixei de anotar, e agora me é impossível dizer a que classe pertencem. Podem ser sáurios ou aves pequenas, ou mamíferos muito jovens: tão completa é a semelhança no modo de formação da cabeça e tronco desses animais.

As extremidades faltam ainda nesses embriões; mas ainda que tivessem existido no primeiro estado de seu desenvolvimento, não nos teriam ensinado nada, pois as patas dos sáurios e mamíferos, as asas e as patas das aves, o mesmo que as mãos e os pés do homem, provêm da mesma forma fundamental". As larvas da maioria dos crustáceos em estado correspondente de desenvolvimento, parecem-se muito entre si, por mais diferentes que sejam os adultos, e o mesmo ocorre com muitos outros animais.

Algum vestígio da lei de semelhança embrionária perdura às vezes até uma idade bastante adiantada; assim, aves do mesmo gênero ou de gêneros próximos muitas vezes se assemelham entre si por sua plumagem de jovens, como vemos nas penas manchadas dos jovens do grupo dos tordos. No grupo dos felinos, a maioria das espécies tem nos adultos riscas ou manchas formando linhas, e podem distinguir-se claramente riscas ou manchas nos filhotes do leão e do puma. Vemos algumas vezes, ainda que raras, um pouco disso nas plantas: assim, as primeiras folhas do *Ulex* ou tojo, e as primeiras folhas das acácias que têm filódios, são divididas como as folhas comuns das leguminosas.

Os pontos de estrutura em que os embriões de animais muito diferentes, dentro da mesma classe, parecem-se entre si, muitas vezes não têm relação direta com suas condições de existência Não podemos, por exemplo, supor que nos embriões dos vertebrados, a direção, formando asas, das artérias junto às aberturas branquiais esteja relacionada com condições semelhantes no pequeno mamífero que é alimentado no útero de sua mãe, no ovo de ave que é incubado no ninho e na postura dos ovos de uma rã na água. Não temos mais motivos para acreditar nessa relação que os ossos semelhantes na mão do homem, a asa de um morcego e a aleta de uma orca estejam relacionados com condições semelhantes de vida. Ninguém supõe que as riscas do filhote do leão e as manchas do tordo jovem sejam de alguma utilidade para esses animais.

O caso, no entanto, é diferente quando um animal é ativo durante alguma parte de sua vida embrionária e tem de cuidar de si mesmo. O período de atividade pode começar mais tarde ou mais cedo; mas qualquer que seja o momento em que comece a adaptação da larva a suas condições de vida é tão exata e tão formosa como no animal adulto. J. Lubbock, em suas observações sobre a semelhança das larvas de alguns insetos que pertencem a ordens muito diferentes e sobre a diferença entre as larvas de outros insetos da mesma ordem de acordo com os hábitos, demonstrou recentemente muito bem de que modo tão importante se efetuou essa adaptação. Devido a essas adaptações, a semelhança entre as larvas de animais afins é às vezes muito obscura, especialmente quando há divisão de trabalho durante as diferentes fases do desenvolvimento; como quando uma mesma larva, durante uma fase, tem de procurar comida e, durante outra, tem de procurar um lugar onde se fixar. Até podem ser citados casos de larvas de espécies próximas, ou de grupos de espécies, que diferem mais entre si do que os adultos. Na maioria dos casos, no entanto, as larvas, ainda que ativas, obedecem ainda mais ou menos rigorosamente à lei da semelhança embrionária comum. Os cirrípedes proporcionam um bom exemplo disso; inclusive o ilustre Cuvier não viu que uma anatifa era um crustáceo; mas ao ver a larva o demonstra de um modo evidente. Do mesmo modo também as duas grandes divisões dos cirrípedes – os pedunculados e os *Tridacna gigas* – ainda que muito diferentes por seu aspecto externo, têm larvas que em todas as suas fases são pouco distinguíveis.

O embrião, em decorrência do desenvolvimento se eleva em organização: emprego essa expressão ainda que já sei que é quase impossível definir claramente o que se entenda por ser a organização superior ou inferior; mas ninguém, provavelmente, discutirá que a borboleta é superior à lagarta. Em alguns casos, no entanto, o animal adulto deve ser considerado como inferior na escala que a larva, como em certos crustáceos parasitas. Recorrendo uma vez mais aos cirrípedes: as larvas, na primeira fase, têm órgãos locomotores, um só olho simples, uma boca prosciforme, com a qual se alimentam abundantemente, pois aumentam muito de tamanho. Na segunda fase, que corresponde ao estado de crisálida das borboletas, têm seis pares de patas natatórias harmoniosamente construídas, um par de magníficos olhos compostos e antenas extraordinariamente complicadas; mas têm a boca fechada e imperfeita e não podem alimentar-se. Sua função nesse estado é procurar, mediante seus bem desenvolvidos órgãos dos sentidos, e chegar, mediante sua ativa faculdade de natação, a um lugar adequado para aderir a ele e sofrer sua metamorfose final. Quando se realizou isso, os cirrípedes ficam fixados para toda a vida, suas patas se convertem em órgãos prênseis, reaparece uma boca bem constituída; mas não têm antenas e seus dois olhos se convertem de novo numa só mancha ocular, pequena e simples. Nesse estado completo e último, os cirrípedes podem considerar-se, já como de organização superior, já como de organização inferior à que tinham em estado larvário; mas em alguns gêneros as larvas se desenvolvem, convertendo-se em hermafroditas, que têm a conformação ordinária, e no que eu chamei *machos complementares,* e nestes últimos o desenvolvimento seguramente foi retrógrado, pois o macho é um simples saco que vive pouco tempo e está desprovido de boca, de estômago e de todo órgão importante, exceto os da reprodução.

Tantas são as vezes que vemos a diferença de conformação entre o embrião e o adulto, que somos tentados a considerar essa diferença como dependente de algum modo necessário do crescimento. Mas não há razão para que, por exemplo, a asa de um morcego ou a aleta de uma orca não tenha de ter sido desenhada, com todas as suas partes, em suas devidas proporções, desde que cada parte se fez visível. Em alguns grupos inteiros de animais e em certos membros de outros grupos ocorre assim, e o embrião em nenhum período difere muito do adulto; assim, Owen, no que se refere aos cefalópodes, observou que "não há metamorfoses; o caráter de cefalópode se manifesta muito antes de que as partes do embrião estejam completas". Os moluscos terrestres e os crustáceos de água doce nascem com suas formas próprias, enquanto os membros marinhos dessas duas grandes classes passam em seu desenvolvimento por mudanças consideráveis e às vezes grandes. As aranhas experimentam raramente alguma metamorfose. As larvas da maioria dos insetos passam por uma fase vermiforme, já sejam ativas e adaptadas a costumes diversos, já inativas por estar colocadas no meio de alimento adequado ou por ser alimentadas por seus pais; mas num reduzido número de casos, como no dos *Aphis*, se olharmos os admiráveis desenhos do desenvolvimento deste inseto, dados pelo professor Huxley, raramente vemos algum vestígio da fase vermiforme.

Às vezes são só os primeiros estágios de desenvolvimento que faltam. Assim, Fritz Muller fez a notável descoberta de que certos crustáceos parecidos com os camarões (afins de Penaeus) aparecem primeiro sob a singela forma de náuplios[22] e, depois de passar por duas ou mais fases de zoeia[23] e depois pela fase de misidáceo[24], adquirem finalmente a conformação adulta. Assim sendo, em toda a grande ordem dos malacostráceos, à qual aqueles crustáceos pertencem, não se sabe até agora de nenhum outro membro que comece desenvolvendo-se sob a forma de náuplio, ainda que muitas apareçam sob a forma de zoeia; apesar disso, Muller assinala as razões em favor de sua opinião de que, se não tivesse tido supressão alguma de desenvolvimento, todos esses crustáceos teriam aparecido como náuplios.

Como, pois, podemos explicar esses diferentes fatos na embriologia, a saber: a diferença de conformação tão geral, ainda que não universal, entre o embrião e o adulto; que as diversas partes de um mesmo embrião, que ultimamente chegam a ser muito diferentes e servem para diversas fins, sejam semelhantes num primeiro período de crescimento; a semelhança comum, mas não invariável, entre os embriões ou larvas das mais diferentes espécies de uma mesma classe; que o embrião conserve com frequência, quando está dentro do ovo ou do útero, conformações que não lhe são de utilidade, nem nesse período de sua vida, nem em outro posterior, e que, pelo contrário, as larvas que têm de prover a suas próprias necessidades estejam perfeitamente adaptadas às condições ambientes; e finalmente, o fato de que certas larvas ocupem um lugar mais elevado na escala de organização do que o animal adulto, no qual desenvolvendo-se, se transformam?

Acredito que todos esses fatos podem explicar-se do modo seguinte: admite-se em geral, talvez por causa de que aparecem monstruosidades no embrião num período muito precoce, que as pequenas variações ou diferenças individuais aparecem necessariamente num período igualmente precoce. Temos poucas provas sobre esse ponto, mas as que temos certamente indicam o contrário; pois é notório que os criadores de reses, de cavalos, de animais de luxo, não podem dizer positivamente até algum tempo depois do nascimento quais serão os méritos ou defeitos de suas crias. Vemos isso claramente em nossos próprios filhos; não podemos dizer se um menino será alto ou baixo, ou quais serão exatamente seus traços característicos. Não está o problema em dizer em que período da vida pode ter sido produzida cada variação, senão em que período se manifestam os efeitos. A causa pode ter feito – e eu creio que muitas vezes o fez – num ou nos dois pais antes do ato da geração. Merece ser destacado que para um animal muito jovem, enquanto permanece no útero de sua mãe ou no ovo, ou enquanto é alimentado ou protegido por seus pais, não tem importância alguma que a maioria de seus caracteres sejam adquiridos um pouco antes ou um pouco depois. Para uma ave, por exemplo, que obtivesse sua comida por ter o bico muito curvo, nada significaria que quando pequena, enquanto fosse alimentada por seus pais, possuísse ou não o bico daquela forma.

Estabeleci no primeiro capítulo que, qualquer que seja a idade na qual aparece pela primeira vez uma variação no pai, essa variação tende a reaparecer na descendência na mesma idade. Certas variações podem aparecer somente nas idades correspondentes; por exemplo as particularidades em fases de lagarta, crisálida ou cursálida no bicho-da-seda, ou também nos chifres completamente desenvolvidos do gado. Mas variações que, por tudo o que nos é dado ver, puderam ter aparecido pela primeira vez numa idade mais jovem ou mais adiantada, tendem igualmente a aparecer nas mesmas idades nos descendentes e no pai. Estou longe de pensar que isso ocorra invariavelmente assim, e poderia citar vários casos excepcionais de variações – tomando essa palavra no sentido mais amplo – que sobrevieram no filho numa idade mais precoce do que no pai.

Esses dois princípios – a saber: que as variações geralmente pequenas aparecem num período não muito precoce da vida e que são herdadas no período correspondente – explicam, acredito, todos os fatos embriológicos capitais antes indicados; mas consideremos antes alguns casos análogos em nossas variedades domésticas. Alguns autores que escreveram sobre cães sustentam que o galgo e o buldogue, ainda que tão diferentes, são na realidade variedades muito afins, que descendem do mesmo tronco selvagem; consequentemente tive curiosidade de ver até que ponto se diferenciavam seus filhotes. Disseram-me os criadores que se diferenciavam exatamente o mesmo que seus pais, e isso quase parecia assim avaliando a olho nu; mas medindo realmente os adultos e seus filhotes de seis dias, constatei que nestes, em proporção, só haviam adquirido uma parcela muito pequena das diferenças dos adultos. Além disso, também me disseram que os potros dos cavalos de corrida e de tração – raças que foram formadas quase totalmente por seleção em estado doméstico – se diferenciavam tanto como os animais completamente desenvolvidos; mas tendo feito medidas cuidadosas das éguas e dos potros de três dias, de raças de corrida e de tração, constatei que isso não ocorre de modo algum.

Como temos provas concludentes de que as raças da pomba descenderam de uma só espécie selvagem, comparei os pombos depois de doze horas de terem saído do ovo. Medi cuidadosamente as proporções – ainda que não se darão aqui com detalhe – do bico, largura da boca do orifício nasal e da pálpebra, tamanho das patas e comprimento das patas na espécie mãe selvagem, papo-de-vento inglês, rabo-de-leque, *runts, barbs, dragons,* mensageiras inglesas e pombas cambalhota.

Algumas dessas aves, como adultas, diferem de modo tão extraordinário no comprimento e forma do bico e em outros caracteres, que seguramente teriam sido classificadas como gêneros diferentes se tivessem sido encontradas em estado natural; mas postos em série os filhotes de ninho dessas diferentes classes, ainda que na maioria deles se pudesse distinguir justamente as diferenças proporcionais nos caracteres antes assinalados, eram incomparavelmente menores do que nas pombas completamente desenvolvidas.

Alguns pontos diferenciais característicos – por exemplo, o da largura da boca – raramente podiam descobrir-se nos pombos; mas ocorreu uma exceção notável dessa regra, pois os filhotes da cambalhota, de face curta, diferenciavam-se dos filhotes da pomba silvestre e das outras castas quase exatamente nas mesmas proporções que em estado adulto.

Esses fatos se explicam pelos dois princípios citados. Os criadores escolhem seus cachorros, cavalos, pombas etc. para cria quando estão quase desenvolvidos; é indiferente que as qualidades desejadas sejam adquiridas mais cedo ou mais tarde, se as possui o animal adulto. E os casos que se acabam de indicar, especialmente o das pombas, mostram que as diferenças características que foram acumuladas pela seleção do homem e que dão valor a suas castas não aparecem geralmente num período muito precoce da vida e são herdadas num período correspondente não muito jovem. Mas o caso da cambalhota de face curta, que depois de doze horas do nascimento possui já seus caracteres próprios, prova que essa não é a regra sem exceção, pois, nesse caso as diferenças características, ou bem têm de ter aparecido num período mais cedo do que de ordinário, ou, de não ser assim, as diferenças têm de ter sido herdadas, não na idade correspondente, mas numa idade mais precoce.

Apliquemos agora esses dois princípios às espécies em estado natural. Tomemos um grupo de aves que descendam de alguma forma antiga e que estejam modificadas por seleção natural de acordo com os hábitos de cada uma delas. Nesse caso, como as muitas e pequenas variações sucessivas sobrevieram nas diferentes espécies numa idade não muito jovem e foram herdadas na idade correspondente, os pequenos se terão modificado muito pouco e se parecerão ainda entre si bem mais do que os adultos, exatamente como vimos nas raças de pombas. Podemos estender essa opinião a conformações muito diferentes e a classes inteiras. Os membros anteriores, por exemplo, que em outro tempo serviram como patas a um remoto antepassado, podem, por uma longa série de modificações, ter-se adaptado num descendente para atuar como mãos: em outro, como aletas; em outro, como asas; mas, segundo os dois princípios acima citados, os membros anteriores não se terão modificado muito nos embriões dessas diferentes formas, ainda que em cada forma o membro anterior difira muito no estado adulto. Qualquer que seja a influência que possa ter tido o prolongado uso e desuso em modificar membros ou outras partes de qualquer espécie, deve ter sido feito sobretudo ou unicamente sobre o animal quase adulto, quando estava obrigado a utilizar todas as suas forças para ganhar por si mesmo a vida, e os efeitos produzidos assim se terão transmitido à descendência na mesma idade quase adulta. Desse modo o jovem não estará modificado, ou o estará só em pequeno grau, pelos efeitos do aumento de uso ou desuso de suas partes.

Em alguns animais, as sucessivas variações podem ter sobrevida num período muito precoce de sua vida, ou seus diversos graus podem ter sido herdados numa idade anterior à idade em que ocorreram pela primeira vez. Em ambos os casos, o jovem ou o embrião se parecerão muito à forma mãe adulta, como vimos na pomba cambalhota de face curta. E essa é a regra de desenvolvimento em certos grupos inteiros ou em certos subgrupos só, como nos cefalópodes, os moluscos terrestres, os crustáceos de água doce, as aranhas e alguns membros da grande classe dos insetos. No que se refere à causa final de que os jovens nesses grupos não passem por nenhuma metamorfose, podemos ver que isso se seguiria das circunstâncias seguintes, a saber: de que o jovem tenha numa idade muito precoce que prover a suas próprias necessidades e de que tenha os mesmos costumes que seus pais, pois nesse caso tem de ser indispensável para sua existência que esteja modificado da mesma maneira que seus pais. Além disso, no que se refere ao fato singular de que muitos animais terrestres e de água doce não experimentem metamorfose, enquanto os membros marinhos dos mesmos grupos passam por diferentes transformações, Fritz Muller emitiu a ideia de que o processo de lenta modificação e adaptação de um animal a viver em terra ou água doce, em vez de viver no mar, se simplificaria muito com não passar o animal por nenhum estágio larvário, pois não é provável que, nessas condições de existência novas e tão diferentes comumente, possam ser tão diferentes das que já se encontram no segundo estágio. Nesse caso, adquirir gradualmente a conformação do adulto numa idade cada vez mais jovem teria de ser favorecido pela seleção natural e, finalmente, se perderiam todos os vestígios das metamorfoses anteriores.

Se, pelo contrário, fosse útil aos indivíduos jovens de um animal seguir costumes algo diferentes das da forma adulta e, portanto, estar conformados segundo um plano algo diferente, ou se fosse útil a uma larva, diferente já do adulto, modificar-se ainda mais, então, segundo o princípio da herança nas idades correspondentes, o jovem e a larva poderiam vir a tornar-se por seleção natural tão diferentes de seus pais como se possa imaginar. Diferenças na larva poderiam também se tornar correlativas de diferentes estágios de desenvolvimento; de maneira que a larva no primeiro estágio poderia chegar a diferir muito da larva no segundo estágio, como ocorre em muitos animais. O adulto poderia também se adaptar a situações ou condições nas quais os órgãos de locomoção, dos sentidos etc. fossem inúteis, e nesse caso a metamorfose seria retrocessiva.

Pelas observações que se acabam de fazer podemos compreender como por mudanças de estrutura no jovem, conformes com as mudanças de hábitos, junto com a herança nas idades correspondentes, podem os animais chegar a passar por fases de desenvolvimento completamente diferentes da condição primitiva de seus antepassados adultos. A maioria de nossas maiores autoridades estão convictas de que os diferentes estágios de larva e ninfa dos insetos foram adquiridos por adaptação e não por herança de alguma forma antiga.

O curioso caso de Sitaris – coleóptero que passa por certos estágios extraordinários de desenvolvimento – servirá de exemplo de como pôde ocorrer isso. Fabre descreve a primeira forma larva como um pequeno inseto ativo, provido de seis patas, duas longas antenas e quatro olhos. Essas larvas saem do ovo nos ninhos de abelhas e quando as abelhas machos saem na primavera da colmeia, o que fazem antes das fêmeas, as larvas saltam sobre aqueles e depois passam às fêmeas quando estas estão copulando com os machos.

Quando a abelha fêmea deposita seus ovos na superfície do mel armazenado nas cavidades, as larvas do *Sitaris* se lançam sobre os ovos e os devoram. Depois sofrem uma mudança completa: seus olhos desaparecem, suas patas e antenas se tornam rudimentares; de maneira que então se assemelham mais às larvas ordinárias dos insetos; depois, sofrem uma nova transformação, e finalmente saem em estado de coleópteros perfeitos. Assim sendo, se um inseto que experimentasse transformações como as da Sitaris chegasse a ser o progenitor de toda uma nova classe de insetos, o curso do desenvolvimento da nova classe seria muito diferente da de nossos insetos atuais, e o primeiro estágio larval certamente não representaria a condição primitiva de nenhuma antiga forma adulta.

Pelo contrário, é bem provável que, em muitos animais, os estados embrionários ou larvais nos mostram, mais ou menos por completo, as condições no estado adulto do progenitor de todo o grupo. Na grande classe dos crustáceos, formas portentosamente diferentes entre si, como parasitas sugadores, cirrípedes, entomostráceos e até os malacostráceos, aparecem ao princípio como larvas em forma de náuplio; e como essas larvas vivem e se alimentam em pleno mar e não estão adaptadas para nenhuma condição particular de existência, e por outras razões, assinaladas por Fritz Muller, é provável que em algum período remotíssimo existiu um animal adulto independente que se parecia ao náuplio e que produziu ulteriormente, por várias linhas genealógicas divergentes, os grandes grupos de crustáceos antes citados. Também é além disso provável, pelo que sabemos dos embriões de mamíferos, aves, peixes e répteis, que esses animais sejam os descendentes modificados de algum remoto antepassado que em estado adulto estava provido de brânquias, bexiga natatória, quatro membros em forma de aleta e uma longa cauda, tudo isso adequado para a vida aquática.

Como todos os seres orgânicos atuais e extintos que viveram em todo tempo podem ordenar-se dentro de um reduzido número de grandes classes, e como, segundo nossa teoria, dentro de cada classe têm estado todos ligados por delicadas gradações, a melhor classificação – e, se nossas coleções fossem quase perfeitas, a única possível – seria a genealógica, por ser a descendência o elo oculto de conexão que os naturalistas têm estado procurando com o nome de sistema *natural*. Segundo essa hipótese, podemos compreender como é que, aos olhos da maioria dos naturalistas, a estrutura do embrião é ainda mais importante para a classificação do que a do adulto. De dois ou mais grupos de animais, por mais que difiram entre si por sua conformação e hábitos no estado adulto, se passam por estágios embrionários muito semelhantes, podemos estar seguros de que todos eles descendem de uma forma mãe e, portanto, têm estreito parentesco. A comunidade de conformação embrionária revela, pois, origem comum; mas a diferença no desenvolvimento embrionário não prova diversidade de origem, pois num dos dois grupos os estágios de desenvolvimento podem ter sido suprimidos ou podem ter-se modificado tanto, por adaptação a novas condições de vida, que não possam já ser reconhecidos.

Mesmo em grupos em que os adultos se modificaram em extremo, a comunidade de origem se revela muitas vezes pela conformação das larvas: vimos, por exemplo, que os cirrípedes, ainda que tão parecidos exteriormente aos moluscos, conhece-se em seguida por suas larvas, que pertencem à grande classe dos crustáceos.

Como o embrião nos mostra muitas vezes, mais ou menos claramente, a conformação do progenitor antigo e menos modificado do grupo, podemos compreender por que as formas antigas e extintas se parecem com tanta frequência em seu estado adulto aos embriões de espécies extintas da mesma classe.

Agassiz crê que isso é uma lei universal da natureza, e podemos esperar ver comprovada no porvir a exatidão dessa lei. No entanto, só é possível comprovar sua exatidão naqueles casos em que o estado antigo do antepassado do grupo não foi completamente apagado por ter sobrevindo variações sucessivas, nem porque essas variações tenham sido herdadas numa idade mais jovem do que a idade em que apareceram pela primeira vez. Teria também que compreender que a lei pode ser verdadeira e, no entanto, devido a que os registros genealógicos não se estendam suficientemente no passado, pode permanecer durante um longo período ou para sempre impossível de demonstrar. A lei não subsistirá rigorosamente naqueles casos em que uma forma antiga chegou a adaptar-se em seu estado de larva a um gênero especial de vida e esse mesmo estado larval se transmitiu a um grupo inteiro de descendentes, pois esse estado larval não se parecerá a nenhuma forma ainda mais antiga em estado adulto.

Os fatos principais da embriologia, que não são inferiores a nenhum em importância, explicam-se, pois, a meu ver, dentro do princípio de que as variações nos numerosos descendentes de um remoto antepassado apareceram num período não muito jovem da vida e foram herdadas na idade correspondente. A embriologia aumenta muito em interesse quando consideramos o embrião como um retrato, mais ou menos apagado, já do estado adulto, já do estado larval do progenitor de todos os membros de uma mesma grande classe.

ÓRGÃOS RUDIMENTARES, ATROFIADOS E ABORTADOS

Os órgãos ou partes nessa estranha condição, levando claramente o selo de inutilidade, são muito frequentes, e ainda gerais, em toda a natureza. Seria impossível citar um só dos animais superiores no qual uma parte ou outra não se encontre em estado rudimentar. Nos mamíferos por exemplo, os machos têm mamas rudimentares; nos ofídios, um pulmão é rudimentar; nas aves, a asa *bastarda* pode considerar-se com segurança como um dedo rudimentar, e em algumas espécies toda a asa é tão extraordinariamente rudimentar, que não pode ser utilizada para o voo. Que pode haver de mais curioso do que a presença de dentes no feto das baleias que quando se tiverem desenvolvido não têm nem um dente em sua boca, ou os dentes que jamais rompem a gengiva na mandíbula superior dos bezerros antes de nascer?

Os órgãos rudimentares nos declaram abertamente sua origem e significação de diversos modos. Existem coleópteros que pertencem a espécies muito próximas, ou até exatamente à mesma espécie, que têm, já asas perfeitas e de tamanho completo, já simples rudimentos membranosos, que não é esquisito estejam situados embaixo de élitros solidamente soldados entre si, e nesses casos é impossível duvidar que os rudimentos representam asas. Os órgãos rudimentares às vezes conservam sua potência; isso ocorre às vezes nas mamas dos mamíferos machos, que se sabe que chegam a desenvolver-se bem e a segregar leite. Do mesmo modo, também nos ubres, no gênero *Bos*, há normalmente quatro mamilos bem desenvolvidos e dois rudimentares; mas estes últimos em nossas vacas domésticas às vezes chegam a desenvolver-se e dar leite. No que se refere às plantas, as pétalas são umas vezes rudimentares e outras bem desenvolvidos em indivíduos da mesma espécie. Em determinadas plantas que têm os sexos separados Kölreuter constatou que, cruzando uma espécie na qual as flores masculinas têm um rudimento de pistilo com uma espécie hermafrodita que tem, isto é, um pistilo bem desenvolvido, o rudimento aumentou muito de tamanho na descendência híbrida, e isso mostra claramente que o pistilo rudimentar e o perfeito eram essencialmente de igual natureza. Um animal pode possuir diferentes partes em estado perfeito e, no entanto, podem estas ser em certo sentido rudimentares, porque inúteis; assim, o girino da salamandra comum, como observa G. H. Lewes, "tem brânquias e passa sua existência na água; mas a *Salamandra atra,* que vive nas alturas das montanhas, pare seus pequenos completamente formados. Esse animal nunca vive na água e, no entanto, se abrimos uma fêmea grávida encontramos dentro dela girinos com brânquias delicadamente plumosas e, postos na água, nadam quase como os girinos da salamandra comum. Evidentemente, essa organização aquática não tem relação com a futura vida do animal nem está adaptada a sua condição embrionária: tem somente relação com adaptações de seus antepassados, repete uma fase do desenvolvimento destes".

Um órgão que serve para duas funções pode tornar-se rudimentar ou abortar completamente para uma, inclusive para a mais importante, e permanecer perfeitamente eficaz para a outra. Assim, nas plantas, o ofício do pistilo é permitir que os tubos polínicos cheguem até os óvulos dentro do ovário. O pistilo consiste num estigma sustentado por um estilete; mas em algumas compostas, as flores masculinas, que evidentemente não podem ser fecundadas, têm um pistilo rudimentar, pois não está coroado pelo estigma; mas o estilete está bem desenvolvido e coberto, como de ordinário, de pelos, que servem para escovar o pólen das antenas que, unidas, o rodeiam. Além disso, um órgão pode tornar-se rudimentar para sua função própria e ser utilizado para outra diferente: em certos peixes, a bexiga natatória parece ser rudimentar para sua função própria de fazer boiar; mas se converteu num órgão respiratório nascente ou pulmão. Poder-se-ia citar muitos exemplos análogos.

Os órgãos úteis, por pouco desenvolvidos que estejam, a não ser que tenhamos motivos para supor que estiveram em outro tempo mais desenvolvidos, não devem considerar-se como rudimentares: podem encontrar-se em estado nascente e em progresso para um maior desenvolvimento. Os órgãos rudimentares, pelo contrário, ou são inúteis por completo, como os dentes que nunca rompem as gengivas, ou quase inúteis, como as asas do avestruz, que servem simplesmente como velas. Como os órgãos nessa condição, antes, quando estavam ainda menos desenvolvidos, deveriam ter sido ainda de menos utilidade que agora, não podem ter sido produzidos em outro tempo por variação e seleção natural, que age somente mediante a conservação das modificações úteis. Esses órgãos foram em parte conservados pela força da herança e se referem a um estado antigo de coisas.

É, no entanto, muitas vezes difícil estabelecer distinção entre os órgãos rudimentares e os órgãos nascentes, pois só por analogia podemos avaliar se uma parte é capaz de ulterior desenvolvimento, em cujo único caso merece ser denominado nascente. Órgãos nessa condição serão sempre algo raros, pois geralmente os seres providos deles terão sido suplantados por seus sucessores com o mesmo órgão em estado mais perfeito e, portanto, se terão extinguido há muito tempo.

A asa do pinguim é de grande utilidade atuando como uma aleta; pode, portanto, representar o estado nascente da asa; não que eu creia que isso seja assim, é mais provavelmente um órgão reduzido, modificado para uma nova função. A asa do *Apteryx,* pelo contrário, é quase inútil e é verdadeiramente rudimentar. Owen considera os singelos membros filiformes do *Lepidosiren* como os "princípios de órgãos que atingem completo desenvolvimento funcional em vertebrados superiores"; mas, segundo a opinião defendida recentemente pelo doutor Gunther, são provavelmente resíduos que consistem no eixo que subsiste de uma aleta, com os rádios ou ramos laterais abortados. As glândulas mamárias do *Ornithorhynchus* podem considerar-se, em comparação com os ubres da vaca, como em estado nascente. Os *freios ovígeros* de certos cirrípedes, que cessaram de reter os ovos e que estão pouco desenvolvidos, são brânquias nascentes.

Os órgãos rudimentares nos indivíduos da mesma espécie são susceptíveis de muita variação no grau de seu desenvolvimento e sob outros aspectos. Em espécies muito próximas difere às vezes muito o grau a que o mesmo órgão foi reduzido. Desse último fato é um bom exemplo o estado das asas de borboletas heteróceras fêmeas pertencentes à mesma família. Os órgãos rudimentares podem ter abortado por completo, e isso implica que em certos animais ou plantas faltam totalmente partes que a analogia nos levaria a esperar encontrar nelas e que acidentalmente se encontram em indivíduos monstruosos. Assim, na maioria das escrofulariáceas o quinto estame está atrofiado por completo e, no entanto, podemos inferir que existiu em outro tempo um quinto estame; pois em muitas espécies da família se encontra um rudimento dele, e esse rudimento em ocasiões se desenvolve perfeitamente, como pode-se ver às vezes na boca-de-leão. Ao seguir as homologias de um órgão qualquer em diferentes seres da classe, nada mais comum, nem mais útil para compreender completamente as relações dos órgãos, que a descoberta de rudimentos. Isso se manifesta claramente nos desenhos dados por Owen dos ossos das patas do cavalo, touro e rinoceronte.

É um fato importante que os órgãos rudimentares, tais como os dentes da mandíbula superior das baleias e ruminantes, podem frequentemente descobrir-se no embrião; mas depois desaparecem por completo. É também, acredito, uma regra universal que uma parte rudimentar é de maior tamanho, com relação às partes adjacentes, no embrião que no adulto; de maneira que o órgão naquela idade precoce é menos rudimentar ou até não pode dizer-se do que seja rudimentar em nenhuma medida. Portanto, diz-se com frequência que os órgãos rudimentares no adulto conservaram seu estado embrionário.

Acabo de citar os fatos principais relativos aos órgãos rudimentares. Ao refletir sobre eles, todos devemos nos sentir cheios de assombro, pois a mesma razão que nos diz que as diferentes partes e órgãos estão extraordinariamente adaptados para certos usos, nos diz com igual clareza que esses órgãos rudimentares ou atrofiados são imperfeitos e inúteis. Nas obras de História Natural se diz geralmente que os órgãos rudimentares foram criados "por razão de simetria" ou para "completar o plano da natureza"; mas isso não é uma explicação: é simplesmente voltar a afirmar o fato. Nem está isso conforme com o próprio enunciado, pois a *Jiboia constrictor* tem rudimentos de patas posteriores e de pélvis, e se diz que esses ossos foram conservados "para completar o plano da natureza". Por que – como pergunta o professor Weismann – não foram conservados em outros ofídios, que não possuem nem sequer um vestígio desses mesmos ossos? Que se pensaria de um astrônomo que sustentasse que os satélites giram em órbitas elípticas arredor de seus planetas "por razão de simetria", porque os planetas giram assim ao redor do Sol? Um eminente fisiologista explica a presença dos órgãos rudimentares supondo que servem para excretar substâncias descartáveis ou substâncias prejudiciais ao organismo; mas podemos supor que possa fazer assim a diminuta papila que com frequência representa o pistilo nas flores masculinas e que está formada de simples tecido celular? Podemos supor que os dentes rudimentares, que depois são substituídos, sejam benéficos para o rápido crescimento do bezerro em estado de embrião, tirando uma substância tão preciosa como o fosfato de cal?

Sabe-se que depois de ter amputado dedos a um homem apareceram unhas imperfeitas nos cotos, e o mesmo poderia crer eu que esses vestígios de unhas se desenvolveram para excretar matéria córnea, que crer que as unhas rudimentares da aleta do peixe-boi se desenvolveram com esse mesmo fim.

Segundo a teoria da descendência com modificação, a origem dos órgãos rudimentares é relativamente simples e podemos compreender, em grande parte, as leis que regem seu imperfeito desenvolvimento. Temos uma multidão de casos de órgãos rudimentares em nossas produções domésticas, como o coto de cauda nas raças sem ela, os vestígios de orelhas nas raças de ovelhas sem orelhas, a reaparição de pequenos chifres pendentes nas vacas mochas, especialmente, segundo Youatt, em animais jovens, e o estado completo da flor na couve-flor. Muitas vezes vemos rudimentos de diferentes partes nos monstros; mas duvido que nenhum desses casos dê luz sobre a origem dos órgãos rudimentares em estado natural, mas que demonstram que podem produzir-se rudimentos, pois a comparação das provas indica claramente que as espécies na natureza não sofrem mudanças grandes e bruscas.

Mas o estudo de nossas produções domésticas nos ensina que o desuso de partes leva à redução de seu tamanho e que o resultado é hereditário.

Parece provável que o desuso foi o agente principal na atrofia dos órgãos. No início levaria pouco a pouco à redução cada vez maior de uma parte, até que por fim chegasse esta a ser rudimentar, como no caso dos olhos em animais que vivem em cavernas escuras e no das asas em aves que vivem nas ilhas oceânicas, aves às quais poucas vezes obrigaram a empreender o voo os animais predadores, e que finalmente perderam a faculdade de voar.

Além disso, um órgão útil em certas condições pode tornar-se prejudicial em outras, como as asas dos coleópteros que vivem em ilhas pequenas e expostas aos ventos, e nesse caso a seleção natural terá ajudado à redução do órgão até que se tornou inofensivo e rudimentar.

Toda mudança de conformação e função que possa efetuar-se por pequenos graus está sob o poder da seleção natural; de maneira que um órgão que pela mudança de costumes se tornou inútil ou prejudicial para um objeto, pode modificar-se e ser utilizado para outro. Um órgão pode também se conservar para uma só de suas antigas funções. Órgãos primitivamente formados com o auxílio da seleção natural podem muito bem, ao tornar-se inúteis, ser variáveis, pois suas variações já não podem seguir sendo refreadas pela seleção natural. Tudo isso concorda bem com o que vemos em estado natural.

Além disso, qualquer que seja o período da vida em que o desuso ou a seleção natural reduza um órgão – e isso geralmente ocorrerá citando o ser que tenha chegado a um estado adulto e tenha de exercer todas suas faculdades de ação – o princípio da herança nas idades correspondentes tenderá a reproduzir o órgão em seu estado reduzido na mesma idade adulta, mas poucas vezes influirá no órgão no embrião.

Assim podemos compreender o maior tamanho dos órgãos rudimentares no embrião com relação às partes adjacentes, e seu tamanho relativamente menor no adulto.

Se, por exemplo, o dedo de um animal adulto foi usado cada vez menos durante muitas gerações, devido a alguma mudança de hábitos, ou se um órgão ou glândula funcionou cada vez menos, podemos deduzir que terá que se reduzir de tamanho nos descendentes adultos desse animal e conservar quase seu tipo primitivo de desenvolvimento no embrião.

Fica, no entanto, essa dificuldade: depois que um órgão cessou de ser utilizado e, em consequência reduziu-se muito, como pode reduzir-se ainda mais de tamanho, até que só fique um pequeníssimo vestígio, e como pode, finalmente, desaparecer por completo? É quase impossível que o desuso possa continuar produzindo mais efeito uma vez que um órgão deixou de funcionar.

Isso requer alguma explicação adicional, que não posso dar. Se, por exemplo, se pudesse provar que toda parte da organização tende a variar em maior grau em sentido de diminuição que em sentido de aumento de tamanho, nesse caso nos seria dado compreender como um órgão que se fez inútil se tornaria rudimentar independentemente dos efeitos do desuso e seria, no fim, suprimido por completo, pois as variações em sentido de diminuição de tamanho já não estariam refreadas pela seleção natural.

O princípio da economia do crescimento, explicado num capítulo precedente, segundo o qual os materiais que formam uma parte qualquer, se não é útil para seu possuidor, são poupados quanto é possível, entrará talvez em jogo para converter em rudimentar uma parte inútil.

Mas esse princípio se limitará, quase necessariamente, aos primeiros estados dos processos de redução, pois não podemos supor, por exemplo, que uma pequena papila, que representa numa flor masculina o pistilo da flor feminina, e que está simplesmente formada de tecido celular, possa reduzir-se mais ou resolver-se com o objetivo de economizar substância nutritiva.

Finalmente, como os órgãos rudimentares, quaisquer que sejam as gradações por que tenham passado até chegar a sua condição atual de inutilidade, são o depoimento de um estado anterior de coisas e foram conservados somente pela força da herança, podemos compreender, dentro da teoria genealógica da classificação, como é que os sistemáticos, ao colocar os organismos em seus verdadeiros lugares no sistema natural, acharam muitas vezes que as partes rudimentares são tão úteis, e ainda às vezes mais úteis, que partes de grande importância fisiológica. Os órgãos rudimentares podem comparar-se com as letras de uma palavra que se conservam ainda na escritura, mas que são inúteis na pronúncia, ainda que sirvam de guia para sua etimologia.

Dentro da teoria da descendência com modificação, podemos deduzir que a existência de órgãos em estado rudimentar imperfeito e inútil, ou completamente atrofiados, longe de apresentar uma estranha dificuldade, como seguramente a apresentam dentro da velha doutrina da criação, podia até ter sido prevista de conformidade com as teorias que aqui se expõem.

Resumo

Neste capítulo tentei demonstrar que a classificação de todos os seres orgânicos de todos os tempos em grupos subordinados a outros; que a natureza dos parentescos pelos quais todos os organismos existentes e extintos estão unidos num diminuto número de grandes classes por linhas de afinidade complicadas, divergentes e tortuosas; que as regras seguidas e as dificuldades encontradas pelos naturalistas em suas classificações; que o valor atribuído a caracteres se são constantes ou gerais, já sejam de suma importância, ou de muito pouca, ou de nenhuma como os órgãos rudimentares; que os valores opostos dos caracteres analógicos ou de adaptação e os de verdadeira afinidade, e outras regras parecidas, tudo resulta naturalmente se admitimos o comum parentesco das formas afins junto com sua modificação por variação e seleção natural, com as circunstâncias de extinção e divergências de caracteres. Ao considerar essa teoria de classificação temos de compreender que o elemento genealógico foi universalmente utilizado ao classificar juntos os sexos, idades, formas dimorfas e variedades reconhecidas da mesma espécie, por mais que difira entre si sua estrutura. Se estendermos o uso desse elemento genealógico – a única causa verdadeira de semelhança nos seres orgânicos conhecida com segurança – compreenderemos o que significa *sistema natural*: esse sistema é genealógico em sua tentativa de classificação, assinalando os graus de diferença adquiridos mediante os termos de variedades, *espécies, gêneros, famílias, ordens e classes*.

Segundo essa mesma teoria da descendência com modificação, a maioria dos fatos principais da morfologia se fazem inteligíveis, já se considerarmos o mesmo plano desenvolvido nos órgãos homólogos das diferentes espécies da mesma classe, qualquer que seja a função a que se destinem, já se considerarmos as homologias laterais ou de série em cada animal ou vegetal.

Segundo o princípio das pequenas variações sucessivas, que não ocorrem, necessária nem geralmente, num período muito precoce da vida, e que são herdadas no período correspondente, podemos compreender os fatos principais da embriologia, a saber: a grande semelhança, no indivíduo em estado embrionário, das partes que são homólogas, e que ao chegar ao estado adulto são muito diferentes em conformação e funções; e a semelhança das partes ou órgãos homólogos em espécies afins, mas diferentes, ainda que estejam adaptados em estado adulto a funções mais diferentes possíveis. As larvas são embriões ativos, que se modificaram especialmente, em maior ou menor grau, em relação com seus hábitos, tendo herdado suas modificações numa idade correspondentemente jovem. Segundo esses mesmos princípios – tendo presente que quando os órgãos se reduzem de tamanho, quer por desuso, quer por seleção natural, isso ocorrerá geralmente naquele período da vida em que o ser tem de prover a suas próprias necessidades, e tendo presente quão poderosa é a força da herança – a existência de órgãos rudimentares pode inclusive ter sido prevista. A importância dos caracteres embriológicos e dos órgãos rudimentares na classificação se compreende segundo a opinião de que uma ordenação natural deve ser genealógica.

Finalmente; as diferentes classes de fatos que se consideraram neste capítulo me parecem que proclamam tão claramente que as inúmeras espécies, gêneros e famílias de que está povoada a terra descenderam todos, cada um dentro de sua própria classe ou grupo, de antepassados comuns, e que se modificaram todos nas gerações sucessivas, que eu adotaria sem titubeio essa opinião, ainda que não se apoiasse em outros fatos ou razões.

Capítulo XV

Recapitulação e Conclusão

Recapitulação de objeções à teoria da seleção natural – Recapitulação dos fatos gerais e especiais a seu favor – Causas da crença geral na imutabilidade das espécies – Até que ponto pode estender-se a teoria da seleção natural – Efeitos de sua admissão no estudo da História Natural – Observações finais

Como este livro inteiro é uma longa argumentação, pode ser conveniente ao leitor ter brevemente compendiados os fatos e deduções principais.

Não nego que podem ser feitas muitas e graves objeções à teoria da descendência com modificação, mediante variação e seleção natural. Esforcei-me em dar a essas objeções toda a sua força. Nada pode parecer mais difícil de crer que os órgãos e instintos mais complexos se formaram, não por meios superiores – ainda que análogos – à razão humana, senão pela acumulação de inúmeras pequenas variações, cada uma delas boa para o indivíduo que a possuía. No entanto, essa dificuldade, ainda que apareça a nossa imaginação como de maneira insuperável, não pode ser considerada como real se admitirmos as proposições seguintes: que todas as partes do organismo e todos os instintos oferecem diferenças, pelo menos, individuais; que há uma luta pela existência que leva à conservação das modificações proveitosas de estrutura ou instinto e, finalmente, que podem ter existido gradações no estado de perfeição de todo órgão, boa a cada uma dentro de sua classe. A verdade dessas proposições não pode, acredito, ser discutida. Indubitavelmente, é em extremo difícil ainda conjeturar por que gradações se formaram muitas conformações, especialmente nos grupos fragmentários e decadentes que sofreram muitas extinções; mas vemos tão estranhas gradações na natureza, que temos de ser extremamente prudentes em dizer que um órgão ou instinto, ou que uma conformação inteira, não puderam ter chegado a seu estado atual mediante muitos estados graduais. Temos de admitir que existem casos de especial dificuldade opostos à teoria da seleção natural e um dos mais curiosos é a existência de duas ou três castas definidas de formigas operárias, ou fêmeas estéreis, na mesma sociedade; mas tentei demonstrar como podem ser vencidas essas dificuldades.

No que se refere à esterilidade quase geral das espécies quando se cruzam pela primeira vez, e que forma tão notável contraste com a fecundidade quase geral das variedades quando se cruzam, devo remeter ao leitor à recapitulação dos fatos dada no final do capítulo IX, que me parece que demonstra conclusivamente que essa esterilidade não é um dom mais especial do que a impossibilidade de ser enxertadas uma em outra duas espécies diferentes de árvores, e que depende de diferenças limitadas aos sistemas reprodutores das espécies cruzadas. Vemos a exatidão dessa conclusão na grande diferença que existe nos resultados de cruzar reciprocamente duas espécies; isto é, quando uma espécie é primeiro utilizada como pai e depois como mãe. O resultado análogo da consideração das plantas dimorfas e trimorfas nos leva claramente à mesma conclusão; pois quando as formas se unem ilegitimamente, produzem poucas sementes ou nenhuma, e seus descendentes são mais ou menos estéreis; e essas formas pertencem indubitavelmente à mesma espécie e diferem entre si nada mais que em suas funções e órgãos reprodutores.

Ainda que tantos autores tenham afirmado que é universal a fecundidade das variedades quando se cruzam e a de sua descendência mestiça, isso não se pode considerar como completamente exato depois dos fatos citados com a grande autoridade de Gärtner e Kölreuter. A maioria das variedades que se submeteram a experimento não foram produzidas em estado doméstico, e como a domesticação – não me refiro ao simples confinamento – tende quase com segurança a eliminar aquela esterilidade que, avaliando analogamente teria afetado as espécies progenitoras se tivessem se cruzado, não devemos esperar que a domesticação tenha de produzir a esterilidade em seus descendentes modificados quando se cruzam. Essa eliminação da esterilidade resulta, ao que parece, da mesma causa que permite aos animais domésticos procriar ilimitadamente em condições variadas, e resulta também, ao que parece, de que se acostumaram gradualmente a mudanças frequentes em suas condições de existência.

Duas séries paralelas de fatos parecem lançar muita luz sobre a esterilidade das espécies quando se cruzam pela primeira vez e a de sua descendência híbrida. Por uma parte, há fundamento para crer que as mudanças pequenas nas condições de existência dão vigor e fecundidade a todos os seres orgânicos. Sabemos também que o cruzamento entre indivíduos diferentes da mesma variedade e entre variedades diferentes aumenta o número de seus descendentes e lhes dá certamente maior tamanho e vigor. Isso se deve sobretudo a que as formas que se cruzam têm estado submetidas a condições de existência diferentes, pois comprovei, mediante uma trabalhosa série de experimentos, que, se todos os indivíduos da mesma variedade são submetidos durante várias gerações às mesmas condições, a vantagem resultante do cruzamento com frequência diminui muito ou desaparece de todo. Esse é um dos aspectos do caso. Em contrapartida, sabemos que as espécies que têm estado submetidas muito tempo a condições quase uniformes, quando são submetidas em cativeiro a condições novas e muito diferentes, ou perecem ou, se sobrevivem, tornam-se estéreis ainda que conservem perfeita saúde. Isso não ocorre, ou ocorre só em grau pequeníssimo, com as produções domésticas que têm estado submetidas muito tempo a condições variáveis. Portanto, quando vemos que os híbridos produzidos por um cruzamento entre duas espécies diferentes são em reduzido número, em razão de que perecem imediatamente depois da concepção ou numa idade muito jovem, ou que, se sobrevivem, tornaram-se mais ou menos estéreis, parece bem provável que esse resultado seja devido a que foram de fato submetidas a uma grande mudança em suas condições de existência por estarem compostas de duas organizações diferentes. Quem explicar de um modo preciso por que, por exemplo, um elefante ou uma raposa não procriam em cativeiro do mesmo modo que em seu habitat, enquanto o cachorro ou o porco doméstico procriam sem limitação nas condições mais diversas, poderá dar ao mesmo tempo uma resposta precisa à pergunta de por que duas espécies diferentes, quando se cruzam, mesmo sua descendência híbrida, são geralmente estéreis, enquanto duas variedades domésticas, ao cruzar-se, e seus descendentes mestiços são perfeitamente fecundos.

Voltando à distribuição geográfica, as dificuldades com que tropeça a teoria da descendência com modificação são bastante graves. Todos os indivíduos de uma mesma espécie e todas as espécies do mesmo gênero, e ainda grupos superiores, descenderam de antepassados comuns, e por isso, por muito distantes e isoladas que estejam as partes do mundo em que atualmente se encontram, essas espécies, em decorrência das gerações sucessivas, tiveram de se transladar desde um ponto a todos os outros. Muitas vezes nos é totalmente impossível conjeturar sequer como pôde ter-se efetuado isso. No entanto, como temos fundamento para crer que algumas espécies conservaram a mesma forma específica durante extensíssimos períodos de tempo – imensamente longos se se medem por anos – não deve dar-se demasiada importância à grande difusão ocasional de uma mesma espécie, pois durante períodos extensíssimos sempre terá tido alguma boa proporção para uma grande emigração por muitos meios. Uma distribuição geográfica fragmentária ou interrompida pode ser explicada muitas vezes pela extinção de espécies nas regiões intermediárias. É inegável que até o presente sabemos muito pouco a respeito da extensão total das diferentes mudanças geográficas e de clima que experimentou a terra durante os períodos recentes, e essas mudanças terão facilitado muitas vezes as emigrações. Como exemplo tentei demonstrar como foi poderosa a influência do período glacial na distribuição de uma mesma espécie ou de espécies afins por toda a terra. Até o presente é muito grande nossa ignorância sobre os muitos meios ocasionais de transporte. No que se refere a espécies diferentes do mesmo gênero que vivem em regiões distantes e isoladas, como o processo de modificação necessariamente foi lento, terão sido possíveis todos os meios de emigração durante um período extensíssimo e, portanto, a dificuldade da grande difusão das espécies do mesmo gênero fica de certo modo atenuada.

Como, segundo a teoria da seleção natural, deve ter existido uma infinidade de formas intermediárias, que unem todas as formas de cada grupo mediante gradações tão delicadas como são as variedades existentes, pode-se perguntar por que não vemos a nosso redor essas formas de união, por que não estão todos os seres vivos confundidos entre si num caos inextricável. No que se refere às formas vivas, temos de recordar que – salvo em raros casos – não temos direito de esperar descobrir laços de união *direta* entre elas, senão só entre cada uma delas e alguma forma extinta e suplantada. Inclusive numa região muito extensa que tenha permanecido contínua durante um longo período, e na qual o clima e outras condições de vida mudem insensivelmente, ao passar de uma área ocupada por uma espécie a outra ocupada por outra muito afim, não temos justo direito de esperar encontrar com frequência variações intermediárias nas zonas intermediárias; pois temos motivos para crer que, em todo caso, só um reduzido número de espécies de um gênero experimentam modificações, extinguindo-se por completo as outras sem deixar descendência modificada. Das espécies que se modificam, só um pequeno número se modifica no mesmo habitat ao mesmo tempo, e todas as modificações se efetuam lentamente. Também demonstrei que as variações intermediárias que provavelmente existiram ao princípio nas zonas intermediárias estariam expostas a ser suplantadas pelas formas afins existentes de um e outro lado; pois estas últimas, por serem representadas por grande número de indivíduos, se modificariam e aperfeiçoariam geralmente com maior rapidez do que as variedades intermediárias que existiam com menor número; de maneira que, a longo prazo, as variedades intermediárias seriam suplantadas e exterminadas.

Segundo essa doutrina do extermínio de uma infinidade de formas de união entre os habitantes existentes e extintos do mundo, e em cada um dos períodos sucessivos entre as espécies extintas e outras espécies ainda mais antigas, por que não estão carregadas todas as formações geológicas dessas formas de união? Por que qualquer coleção de fósseis não produz provas patentes da gradação e transformação das formas orgânicas? Ainda que as investigações geológicas tenham revelado indubitavelmente a passada existência de muitas formas de união que aproximam numerosas formas orgânicas, não dão as infinitas delicadas gradações entre as espécies passadas e presentes requeridas por nossa teoria, e essa é a mais clara das numerosas objeções que contra ela se apresentaram. Além disso, por que parece – ainda que essa aparência é muitas vezes falsa – que grupos inteiros de espécies afins se apresentaram de repente nas camadas geológicas sucessivas? Ainda que atualmente saibamos que os seres orgânicos apareceram em nosso globo num período incalculavelmente remoto, muito antes que se depositassem as camadas inferiores do sistema cambriano, por que não encontramos acumuladas embaixo desse sistema grandes massas de estratos com os restos dos antepassados dos fósseis cambrianos? Pois, dentro de nossa teoria, esses estratos tiveram de se ter depositado em alguma parte, naquelas antigas épocas completamente desconhecidas da história da terra.

Só posso responder a essas perguntas e objeções supondo que os registros geológicos são bem mais imperfeitos do que crê a maioria dos geólogos. O conjunto de exemplares de todos os museus é absolutamente nada, comparado com as inúmeras gerações de inúmeras espécies que é seguro que existiram. A mãe de duas ou mais espécies quaisquer não tem todos seus caracteres mais diretamente intermediários entre sua descendência modificada, como é a pomba silvestre por sua estômago e cauda entre seus descendentes, a papo-de-vento inglesa e a rabo-de-leque. Não seríamos capazes de reconhecer uma espécie como mãe de outra espécie modificada, por mais cuidadosamente que pudéssemos examinar a ambas, a não ser que possuíssemos a maioria dos elos intermediários e, devido à imperfeição dos registros geológicos, não temos justo motivo para esperar encontrar tantos elos. Se se descobrissem dois ou três ou ainda mais formas de união, por menores que fossem suas diferenças, a maioria dos naturalistas as classificariam simplesmente como outras tantas espécies novas, sobretudo se tivessem sido encontradas em diferentes subcamadas geológicas. Poder-se-ia citar numerosas formas existentes duvidosas que são, provavelmente, variedades; mas quem poderá pretender que nos tempos futuros se descobrirão tantas formas intermediárias fósseis que os naturalistas poderão decidir se essas formas duvidosas devem ou não se chamar variedades? Tão só uma pequena parte do mundo foi explorada geologicamente. Só os seres orgânicos de certas classes podem conservar-se em estado fóssil, pelo menos em número considerável. Muitas espécies, uma vez formadas, não experimentam nunca uma mudança ulterior, senão que se extinguem sem deixar descendentes modificados, e os períodos durante os quais as espécies experimentaram modificação, ainda que longos se se medem por anos, provavelmente foram curtos em comparação com os períodos durante os quais conservaram a mesma forma. As espécies dominantes e de extensa distribuição são as que variam mais e com maior frequência, e as variedades são muitas vezes locais no princípio; causas ambas que tornam pouco provável a descoberta de elos intermediários numa formação determinada. As variedades locais não se estenderão a outras regiões distantes até que estejam consideravelmente modificadas e melhoradas, e quando se estenderam e são descobertas numa formação geológica, aparecem como criadas ali de repente, e serão classificadas simplesmente como novas espécies. A maioria das formações se acumularam com intermitência, e sua duração foi provavelmente menor do que a duração média das formas específicas. As formações sucessivas estão separadas entre si, na maioria dos casos, por intervalos de grande duração, pois formações fossilíferas de potência bastante para resistir a futura erosão só podem acumular-se, por regra geral, onde se deposita muito sedimento no fundo de um mar que tenha movimento de descida. Durante os períodos alternantes de elevação e de nível estacionário, os registros geológicos estarão geralmente em branco. Durante esses últimos períodos haverá provavelmente mais variabilidade nas formas orgânicas; durante os períodos de descenso maior extinção.

No que se refere à ausência de estratos ricos em fósseis embaixo da formação cambriana, posso só recorrer à hipótese dada no capítulo X, ou seja que, ainda que nossos continentes e oceanos tenham subsistido quase nas posições relativas atuais durante um período enorme, não temos motivo algum para admitir que isso tenha sido sempre assim e, portanto, podem permanecer sepultadas sob os grandes oceanos formações bem mais antigas que todas as conhecidas atualmente. No que se refere a que o tempo decorrido desde que nosso planeta se consolidou não foi suficiente para a magnitude da mudança orgânica suposta — e essa objeção, proposta por William Thompson, é provavelmente uma das mais graves que jamais se tenha apresentado — só posso dizer, em primeiro lugar, que não sabemos com que velocidade, medida por anos, mudam as espécies e, em segundo lugar, que muitos homens de ciência não estão ainda dispostos a admitir que conheçamos bastante a constituição do universo e do interior de nosso globo para raciocinar com segurança sobre sua duração passada.

Todo mundo admitirá que os registros geológicos são imperfeitos; muito poucos se inclinarão a admitir que o são no grau requerido por nossa teoria. Se consideramos espaços de tempo longos o bastante, a geologia manifesta claramente que todas as espécies mudaram e que mudaram do modo exigido pela teoria, pois mudaram lentamente e de um modo gradual. Vemos isso claramente nos restos fósseis de formações consecutivas que estão invariavelmente bem mais relacionadas entre si do que os de formações muito separadas.

Tal é o resumo das diferentes objeções e dificuldades principais que podem com justiça ser apresentadas contra nossa teoria, e recapitulei agora brevemente as respostas e explicações que, até onde me compete, podem dar-se. Encontrei, durante muitos anos, essas dificuldades, demasiado prementes para duvidar de seu peso; mas merecem destaque especial que as objeções mais importantes se referem a questões sobre as quais reconhecemos nossa ignorância, sem saber até onde essa chega. Não conhecemos todos os graus possíveis de transição entre os órgãos mais simples e os mais perfeitos; não se pode pretender que conheçamos todos os diversos meios de distribuição que existiram durante o longo tempo passado, nem que conheçamos toda a imperfeição dos registros geológicos. Por serem graves, como o são, essas diferentes objeções, não são, a meu ver, de modo algum, suficientes para pôr abaixo a teoria da descendência seguida de modificação.

Voltemos ao outro aspecto da questão. Em estado doméstico vemos muita variabilidade produzida, ou pelo menos estimulada, pela mudança de condições de vida; mas com frequência de um modo tão obscuro, que nos vemos tentados a considerar essas variações como espontâneas. A variabilidade está regida por muitas leis complexas: por correlação de crescimento, compensação, aumento do uso e desuso dos órgãos, e ação definida das condições ambientais. É muito difícil averiguar em que medida se modificaram as produções domésticas; mas podemos admitir com segurança que as modificações foram grandes e que podem herdar-se durante longos períodos. Enquanto as condições de vida permanecem iguais, temos fundamento para crer que uma modificação que foi já herdada por muitas gerações pode continuar sendo-o por um número quase ilimitado dessas. Pelo contrário, temos provas de que a variabilidade, uma vez que entrou em jogo, não cessa em estado doméstico durante um período extensíssimo, e não sabemos se chega a cessar jamais, pois acidentalmente se produzem ainda variedades novas em nossas produções domésticas mais antigas.

A variabilidade não é realmente produzida pelo homem; o homem expõe tão só, sem intenção, os seres orgânicos a novas condições de vida, e então a natureza age sobre os organismos e os faz variar. Mas o homem pode selecionar, e seleciona, as variações que lhe apresenta a natureza, e as acumula assim do modo desejado. Assim adapta o homem, os animais e plantas a seu próprio benefício ou gosto. Pode fazer isso metodicamente, ou pode fazê-lo inconscientemente, conservando os indivíduos que lhe são mais úteis ou agradáveis, sem intenção de modificar as castas. É seguro que pode influir muito nos caracteres de uma casta selecionando em cada uma das gerações sucessivas diferenças individuais tão pequenas que sejam inapreciáveis, exceto para uma vista educada. Esse processo inconsciente de seleção foi o agente principal na formação das raças domésticas mais diferentes e úteis. As complicadas dúvidas sobre se muitas raças produzidas pelo homem são variedades e espécies primitivamente diferentes demonstram que muitas raças têm em grande parte os caracteres de espécies naturais.

Não há motivo para que as leis que agiram eficazmente no estado doméstico não o tenham feito no estado natural. Na sobrevivência dos indivíduos e raças favorecidas durante a incessante luta pela existência vemos uma forma poderosa e constante de seleção. A luta pela existência resulta inevitavelmente da elevada razão geométrica de propagação, que é comum a todos os seres orgânicos. A grande rapidez de propagação se prova pelo cálculo, pela rápida propagação de muitos animais e plantas durante uma série de temporadas especialmente favoráveis, e quando se os adapta em novas regiões. Nascem mais indivíduos dos que podem sobreviver. Um grão na balança pode determinar que indivíduos tenham de viver e quais tenham de morrer, que variedade ou espécie tenha de aumentar em número de indivíduos e qual tenha de diminuir ou acabar por extinguir-se. Como os indivíduos de uma mesma espécie entram sob todos os aspectos na mais rigorosa concorrência a luta será geralmente mais severa entre as variedades de uma mesma espécie, e seguirá com rigor entre as espécies de um mesmo gênero. Por outro lado, muitas vezes será severa a luta entre seres afastados na escala da natureza. A menor vantagem em certos indivíduos, em qualquer idade ou estação, sobre aqueles com quem entram em concorrência, ou a melhor adaptação, por menor que seja o grau, às condições físicas ambientais, farão a longo prazo inclinar a balança a seu favor.

Nos animais que têm os sexos separados terá na maioria dos casos luta entre os machos pela posse das fêmeas. Os machos mais vigorosos, ou os que lutaram com mais sucesso com suas condições de vida, deixarão geralmente mais descendência. Mas o sucesso dependerá muitas vezes de que os machos tenham armas, meios de defesa ou encantos especiais, e uma pequena vantagem levará à vitória.

Como a geologia claramente proclama que todos as regiões sofreram grandes mudanças físicas, podíamos ter esperado encontrar que os seres orgânicos variariam no estado natural do mesmo modo que variaram no estado doméstico, e se ocorreu alguma variabilidade na natureza seria um fato inexplicável que a seleção natural não tivesse entrado em jogo. Com frequência se afirmou isso; mas a afirmação não é suscetível de demonstração, pois a intensidade da variação no estado natural é extraordinariamente limitada. O homem, mesmo agindo só sobre as características externas e muitas vezes caprichosamente, pode produzir dentro de um curto período um grande resultado somando em suas produções domésticas simples diferenças individuais. Mas, além dessas diferenças, todos os naturalistas admitem a existência de variedades naturais que se consideram suficientemente diferentes para que mereçam ser registradas nas obras sistemáticas. Ninguém traçou uma distinção clara entre as diferenças individuais e as variedades pequenas, nem entre as variedades claramente assinaladas e as subespécies e espécies. Em continentes separados, ou em partes diferentes do mesmo continente quando estão separadas por obstáculos de qualquer classe, ou em ilhas adjacentes, que multidão de formas existe que os naturalistas experimentados classificam: uns, como variedades; outros, como raças geográficas ou subespécies, e outros, como espécies diferentes, ainda que muito próximas!

Pois se os animais e plantas variam, por pouco e lentamente que seja, por que não terão de se conservar e acumular-se por seleção natural ou sobrevivência dos mais adequados as variações ou diferenças individuais do que sejam de algum modo proveitosas? Se o homem pode com paciência selecionar variações úteis para ele, por que, em condições de vida variáveis e complicadas, não terão de surgir com frequência e ser conservadas ou selecionadas variações úteis às produções vivas da natureza? Que limite pode fixar-se a essa força atuando durante tempos extensíssimos e vasculhando rigorosamente toda a constituição, com formação e hábitos de cada ser, favorecendo o bom e recusando o mau? Não sei ver limite algum para essa força ao adaptar lenta e admiravelmente cada forma às mais complexas relações de vida. A teoria da seleção natural, mesmo sem ir mais longe, parece provável em sumo grau. Recapitulei já, o melhor que pude, as dificuldades e objeções apresentadas contra nossa teoria; passemos agora aos argumentos e fatos especiais em favor dela.

Dentro da teoria de que as espécies são só variedades muito assinaladas e permanentes, e de que cada espécie existiu primeiro como variedade, podemos compreender por que não se pode traçar uma linha de demarcação entre as espécies, que se supõe geralmente que foram produzidas por atos especiais de criação, e as variedades, que se sabe que o foram por leis secundárias. Segundo essa mesma teoria, podemos compreender como é que numa região na qual se produziram muitas espécies de um gênero, e onde estas florescem atualmente, essas mesmas espécies têm de apresentar muitas variedades; pois onde a fabricação de espécies foi ativa temos de esperar, por regra geral, encontrá-la ainda em atividade, e assim ocorre se as variedades são espécies incipientes. Além disso, as espécies dos gêneros maiores, que proporcionam o maior número de variedades ou espécies incipientes, conservam até certo ponto o caráter de variedades, pois diferem entre si em menor grau do que as espécies dos gêneros menores. As espécies mais próximas dos gêneros maiores parecem ter também distribuição geográfica restringida, e estão reunidas, por suas afinidades, em pequenos grupos, ao redor de outras, parecendo-se sob ambos os aspectos às variedades. Essas relações são estranhas dentro da teoria de que cada espécie foi criada independentemente; mas são inteligíveis se cada espécie existiu primeiro como uma variedade.

Como todas as espécies, pela razão geométrica de sua reprodução, tendem a aumentar extraordinariamente em número de indivíduos, e como os descendentes modificados de cada espécie estarão capacitados para aumentar tanto mais quanto mais se diversifiquem em hábitos e conformação, de maneira que possam ocupar muitos e muito diferentes postos na economia da natureza, haverá uma tendência constante na seleção natural a conservar a descendência mais divergente de qualquer espécie. Portanto, durante um longo processo de modificação, as pequenas diferenças características das variedades de uma mesma espécie tendem a aumentar até converter-se nas mais diferentes características das espécies de um mesmo gênero.

As variedades novas ou aperfeiçoadas, inevitavelmente suplantarão e exterminarão as variedades mais velhas, menos aperfeiçoadas e intermediárias, e assim as espécies se converterão, em grande parte, em coisas definidas e precisas. As espécies dominantes, que pertencem aos grupos maiores dentro de cada classe, tendem a dar origem a formas novas e dominantes, de maneira que cada grupo grande tenda a tornar-se ainda maior e ao mesmo tempo mais divergente em caracteres.

Mas como todos os grupos não podem continuar desse modo, aumentando de extensão, pois a terra não teria capacidade para eles, os grupos predominantes derrotam os que não o são. Essa tendência dos grupos grandes a continuar aumentando de extensão e divergindo em caracteres, junto com uma grande extinção, sua consequência inevitável, explicam a disposição de todas as formas orgânicas em grupos subordinados a outros grupos, todos eles compreendidos num reduzido número de grandes classes, que prevaleceram através do tempo. Esse fato capital da agrupação de todos os seres orgânicos no que se chama sistema natural é completamente inexplicável dentro da teoria da criação.

Como a seleção natural atua somente por acumulação de variações favoráveis, pequenas e sucessivas, não pode produzir modificações grandes ou súbitas; pode agir somente a passos curtos e lentos. Consequentemente, a lei de *Natura non facit saltum* (a natureza não faz saltos) que cada novo aumento de nossos conhecimentos tende a confirmar, seja compreensível dentro dessa teoria. Podemos compreender por que, em toda a natureza, o mesmo fim geral se consegue por uma variedade quase infinita de meios, pois toda particularidade, uma vez adquirida, herda-se durante muito tempo, e conformações modificadas já de modos muito diferentes têm de se adaptar a um mesmo fim geral. Podemos, numa palavra, compreender por que a natureza é pródiga em variedade e avarenta em inovação. Mas ninguém pode explicar por que isso tem de ser uma lei da natureza se cada espécie foi criada independentemente.

Existem, a meu ver, muitos outros fatos explicáveis dentro de nossa teoria. Como é estranho que uma ave, com forma de pica-pau, se alimente de insetos no solo; que os gansos de terra, que poucas vezes ou nunca nadam, tenham as patas palmadas; que uma ave parecida com o tordo mergulhe e se alimente de insetos que vivem embaixo da água; que o petrel tenha hábitos e conformação que o tornam adequado para o gênero de vida de um pinguim, e assim numa infinidade de casos! Mas esses fatos cessam de ser estranhos, e até poderiam ter sido previstos dentro da teoria de que cada espécie se esforça constantemente por aumentar em número e que a seleção natural está sempre pronta a adaptar os descendentes de cada espécie que variem um pouco, a algum lugar desocupado ou raramente ocupado na natureza.

Podemos compreender, até certo ponto, por que há tanta beleza por toda a natureza, pois isso pode atribuir-se, em grande parte, à ação da seleção. Que a beleza, segundo nosso sentido dela, não é universal, tem de ser admitido por todo aquele que fixe sua atenção em algumas serpentes venenosas, em alguns peixes e em certos asquerosos morcegos que têm uma monstruosa semelhança com a face humana. A seleção sexual deu cores muito brilhantes, elegantes desenhos e outros enfeites aos machos, e às vezes aos dois sexos, de muitas aves, borboletas e outros animais. No que se refere às aves, muitas vezes tornou musical para a fêmea, como também para nossos ouvidos, a voz do macho. As flores e os frutos foram feitos vistosos, mediante brilhantes cores em contraste com a folhagem verde, a fim de que as flores possam ser facilmente vistas, visitadas e fecundadas pelos insetos, e as sementes disseminadas pelos pássaros. Por que determinadas cores, sons e formas agradam ao homem e aos animais inferiores – isto é, como foi adquirido pela primeira vez o sentido da beleza em sua forma mais singela – não o sabemos, como também não sabemos por que certos cheiros e sabores se tornaram pela primeira vez agradáveis.

Como a seleção natural atua mediante a concorrência, adapta e aperfeiçoa os habitantes de cada região tão só em relação aos outros habitantes, de maneira que não deve surpreender-nos que as espécies de uma região, apesar de que, segundo a teoria ordinária, supõe-se que foram criadas e especialmente adaptadas para ele, sejam derrotadas e suplantadas pelas produções adaptadas procedentes de outro. Tampouco devemos nos maravilhar de que todas as disposições na natureza não sejam – até onde podemos avaliar – absolutamente perfeitas, como no caso do próprio olho humano, nem de que algumas delas sejam alheias a nossas ideias a respeito do adequado. Não devemos nos maravilhar de que o ferrão da abelha, ao ser utilizado contra um inimigo, ocasione a morte da própria abelha; de que se produza tão grande número de zangões para um só ato, e de que sejam depois matados por suas irmãs estéreis; nem do assombroso esbanjamento do pólen em nossos pinheiros; nem do ódio instintivo da rainha das abelhas para suas próprias filhas fecundas; nem de que os icneumonídeos se alimentem no interior do corpo das lagartas vivas; nem de outros casos semelhantes. O portentoso, dentro da teoria da seleção natural, é que não se tenham descoberto mais casos de falta de absoluta perfeição.

As leis complexas e pouco conhecidas que regem a produção das variedades são as mesmas, até onde podemos avaliar, que as leis que seguiu a produção de espécies diferentes. Em ambos os casos as condições físicas parecem ter produzido algum efeito direto e definido, mas não podemos dizer com que intensidade. Assim, quando as variedades se introduzem numa região nova, às vezes tomam alguns dos caracteres próprios das espécies daquela região. Tanto nas variedades como nas espécies, o uso e o desuso parecem ter produzido um efeito considerável; pois é impossível resistir a admitir essa conclusão quando consideramos, por exemplo, o *logger-headed duck,* que tem as asas incapazes de servir para o voo, quase na mesma condição que as do pato doméstico; quando prestamos atenção no tuco-tuco[25] cavador, que algumas vezes é cego, e depois em certas toupeiras, que o são habitualmente e têm seus olhos cobertos por membranas, ou quando consideramos os animais cegos que vivem nas cavernas obscuras da América e Europa. Nas variedades e espécies, a variação correlativa parece ter representado um papel importante, de maneira que quando uma parte se modificou, necessariamente se modificaram outras. Tanto nas variedades como nas espécies se apresentam às vezes caracteres perdidos há muito tempo. Como é inexplicável, dentro da teoria da criação, o aparecimento de listras no dorso e nas pernas em diferentes espécies do gênero dos equinos e em seus híbridos; esse fato se explica de modo simples se supomos que essas espécies descendem todas de um antepassado com listras, do mesmo modo que as diferentes raças domésticas de pombas descendem da pomba silvestre, azulada e com faixas!

Segundo a opinião comum de que cada espécie foi criada independentemente, por que têm de ser mais variáveis os caracteres específicos, ou seja, aqueles em que diferem as espécies do mesmo gênero, que os caracteres genéricos, em que todas coincidem? Por que, por exemplo, numa espécie dada de um gênero, a cor da flor tem de ser mais propensa a variar, se as outras espécies têm flores de diferentes cores, do que se todas têm flores da mesma cor? Se as espécies são tão só variedades bem assinaladas, cujas características se tornaram permanentes, podemos compreender esse fato, pois desde que se separaram do antepassado comum variaram já em certas características, e assim chegaram a ser especificamente diferentes umas de outras; por isso essas mesmas características têm de ser ainda bem mais propensas a variar do que as características genéricas que foram herdadas sem modificação durante um período imenso. É inexplicável, dentro da teoria de uma criação, por que um órgão desenvolvido de um modo extraordinário numa só espécie de um gênero – e por isso, segundo naturalmente podemos supor, de grande importância para essa espécie – tenha de estar muito sujeito à variação; mas, segundo nossa teoria, esse órgão experimentou, desde que as diferentes espécies se separaram do antepassado comum, uma extraordinária variabilidade e modificação, e por isso podíamos esperar que geralmente seja ainda variável. Mas um órgão pode desenvolver-se do modo mais extraordinário, como a asa de um morcego e, no entanto, não ser mais variável do que outra conformação qualquer, se é comum a muitas formas subordinadas, isto é, se foi herdado durante um período muito longo, pois nesse caso se tornou constante por seleção natural muito prolongada.

Observando os instintos, por mais maravilhosos que sejam, não oferecem dificuldades maiores que as conformações corpóreas, dentro da teoria da seleção natural, de sucessivas modificações pequenas, mas proveitosas. Desse modo podemos compreender por que a natureza caminha a passos graduais ao dotar os diferentes animais de uma mesma classe de seus diversos instintos. Tentei mostrar quanta luz projeta o princípio da gradação sobre as admiráveis faculdades arquitetônicas da abelha comum. Indubitavelmente, o hábito entra muitas vezes em jogo na modificação dos instintos; mas certamente não é indispensável, segundo vemos no caso dos insetos neutros, que não deixam descendência alguma que herde os efeitos do hábito prolongado. Dentro da teoria de que todas as espécies de um mesmo gênero descenderam de um antepassado comum e herdaram muito em comum, podemos compreender como é que espécies próximas, situadas em condições de vida muito diferentes, tenham, no entanto, os mesmos instintos; por que os tordos das regiões tropicais e temperadas da América do Sul, por exemplo, revestem seus ninhos de barro como nossas espécies inglesas. Segundo a teoria de que os instintos foram adquiridos lentamente por seleção natural, não temos de nos maravilhar de que alguns instintos não sejam perfeitos e estejam expostos a erro e de que alguns instintos sejam causa de sofrimento para outros animais.

Se as espécies são só variedades bem assinaladas e permanentes, podemos imediatamente compreender por que seus descendentes híbridos têm de seguir as mesmas leis que seguem os descendentes que resultam do cruzamento de variedades reconhecidas, nos graus e classes de semelhanças com seus progenitores, em ser absorvidas mutuamente mediante cruzamentos sucessivos, e em outros pontos análogos. Essa semelhança seria um fato estranho se as espécies tivessem sido criadas independentemente e as variedades tivessem sido produzidas por leis secundárias.

Se admitimos que os registros geológicos são imperfeitos em grau extremo, então os fatos que positivamente proporcionam os registros apoiam vigorosamente a teoria da descendência com modificação. As novas espécies entraram em cena lentamente e com intervalos, e a intensidade da mudança, depois de espaços iguais de tempo, é muito diferente em diferentes grupos. A extinção de espécies e de grupos inteiros de espécies que representaram papel tão importante na história do mundo orgânico é consequência quase inevitável do princípio da seleção natural, pois formas velhas são suplantadas por outras novas e melhoradas. Nem as espécies isoladas nem os grupos de espécies reaparecem uma vez que se rompeu a corrente da geração ordinária. A difusão gradual de formas dominantes, unida à lenta modificação de seus descendentes, faz que as formas orgânicas apareçam depois de longos intervalos de tempo, como se tivessem mudado simultaneamente em todo o mundo.

O fato de que os restos fósseis de cada formação sejam em algum grau intermediários, por seus caracteres, entre os fósseis das formações inferiores e superiores se explica simplesmente por sua posição intermediária na corrente genealógica.

O importante fato de que todos os seres extintos possam ser classificados junto com todos os seres existentes é consequência natural de que os seres existentes e extintos são descendentes de antepassados comuns. Como as espécies geralmente divergiram em caracteres durante seu longo curso de descendência e modificação, podemos compreender como é que as formas mais antigas, ou primeiros progenitores de cada grupo, ocupem com tanta frequência uma posição em algum modo intermediária entre grupos existentes. As formas modernas são consideradas, geralmente, como mais elevadas na escala da organização do que as antigas, e têm de ser, porquanto as formas mais modernas e aperfeiçoadas venceram na luta pela vida as mais antigas e menos aperfeiçoadas; além disso, em geral, seus órgãos se especializaram mais para diferentes funções.

Isso é perfeitamente compatível com o fato de que numerosos seres conservem ainda conformações simples e muito pouco aperfeiçoadas, adaptadas a condições singelas de vida; é igualmente compatível com o fato de que algumas formas tenham retrogradado em organização por ter-se adaptado melhor em cada fase de sua descendência a condições de vida novas e inferiores. Finalmente, a assombrosa lei da longa persistência de formas afins no mesmo continente – de marsupiais na Austrália, de desdentados na América e outros casos análogos – é compreensível; pois, dentro do mesmo habitat, os seres existentes e os extintos têm de estar muito unidos genealogicamente. Considerando a distribuição geográfica, se admitimos que durante o longo curso dos tempos ocorreu muita migração de uma parte a outra do mundo, devida a antigas mudanças geográficas e de clima e aos muitos meios ocasionais e desconhecidos de dispersão, podemos compreender, segundo a teoria da descendência com modificação, a maioria dos grandes fatos capitais da distribuição geográfica. Podemos compreender por que tem de ter um paralelismo tão notável na distribuição dos seres orgânicos no espaço e em sua sucessão geológica no tempo, pois em ambos os casos os seres têm estado unidos pelo elo da geração ordinária e os meios de modificação foram os mesmos. Compreendemos toda a significação do fato portentoso, que impressionou a todo viajante, ou seja, que num mesmo continente, em condições mais diversas, com calor e com frio, nas montanhas e nas terras baixas, nos desertos e nos pântanos, a maioria dos habitantes, dentro de cada uma das grandes classes, têm evidente parentesco, pois são os descendentes dos mesmos antepassados, os primeiros habitantes. Segundo esse mesmo princípio de antiga emigração, combinada na maioria dos casos com modificações, podemos compreender, com ajuda do período glacial, a identidade de algumas plantas e o próximo parentesco de muitas outras que vivem nas montanhas mais distantes e nas zonas temperadas setentrional e meridional, e igualmente o estreito parentesco de alguns habitantes do mar nas latitudes temperadas do Norte e do Sul, apesar de estar separados por todo o oceano intertropical.

Ainda que duas regiões apresentem condições físicas tão extraordinariamente semelhantes que até exijam as mesmas espécies, não temos de sentir-nos surpresos de que seus habitantes sejam muito diferentes, se essas regiões têm estado separadas por completo durante um longo período; pois, como a relação de uns organismos com outros é a mais importante de todas e como cada uma das duas regiões terá recebido em diversos períodos e em diferentes proporções habitantes procedentes da outra ou de outras regiões, o processo de modificação nas duas regiões terá sido inevitavelmente diferente.

Segundo essa teoria da migração com modificações subsequentes, compreendemos por que as ilhas oceânicas estão habitadas só por poucas espécies e por que muitas dessas são formas peculiares ou endêmicas. Compreendemos claramente por que espécies que pertencem àqueles grupos de animais que não podem atravessar grandes espaços do oceano, como os batráquios e os mamíferos terrestres, não habitam nas ilhas oceânicas, e por que, pelo contrário, encontram-se frequentemente em ilhas muito distantes de todo o continente espécies novas e peculiares de morcegos, animais que podem atravessar o oceano. Casos tais como a presença de espécies peculiares de morcegos em ilhas oceânicas e a ausência de todos os outros mamíferos terrestres são fatos absolutamente inexplicáveis dentro da teoria dos atos independentes de criação.

A existência de espécies muito afins ou representativas em duas regiões quaisquer implica, dentro da teoria da descendência com modificação, que em outro tempo habitaram ambas as regiões as mesmas formas progenitoras, e encontramos quase invariavelmente que, sempre que muitas espécies muito afins vivem em duas regiões, algumas espécies idênticas são ainda comuns a ambas. Sempre que se apresentam muitas espécies muito afins, ainda que diferentes, apresentam-se também formas duvidosas e variedades pertencentes aos mesmos grupos. É uma regra bem geral que os habitantes de cada região estejam relacionados com os habitantes da fonte mais próxima de onde podem ter provindo imigrantes. Vemos isso na notável relação de quase todas as plantas e animais do arquipélago de Galápagos, da ilha de Juan Fernández e de outras ilhas americanas com as plantas e animais do vizinho continente americano, e dos do arquipélago de Cabo Verde e de outras ilhas africanas com os do continente africano. Temos de admitir que esses fatos não recebem explicação alguma dentro da teoria da criação.

O fato, como vimos, de que todos os seres orgânicos, passados e presentes, possam ser ordenados dentro de um restrito número de grandes classes em grupos subordinados a outros grupos, ficando com frequência os grupos extintos entre os grupos atuais, é compreensível dentro da teoria da seleção natural, com suas consequências de extinção e divergência de caracteres. Segundo esses mesmos princípios, compreendemos por que são tão complicadas e tortuosas as afinidades mútuas das formas dentro de cada classe. Vemos por que certos caracteres são bem mais úteis que outros para a classificação; por que caracteres adaptativos, ainda que de suma importância para os seres, não têm quase importância alguma na classificação; por que caracteres derivados de órgãos rudimentares, ainda que de nenhuma utilidade para os seres, são muitas vezes de grande valor taxonômico, e por que os caracteres embriológicos são com frequência os mais valiosos de todos. As afinidades reais de todos os seres orgânicos, em contraposição com suas semelhanças de adaptação, são devidas a herança ou comunidade de origem. O *sistema natural* é um ordenamento genealógico, no qual se expressam os graus de diferença adquiridos, pelos termos *variedades, espécies, gêneros, famílias* etc.; e temos de descobrir as linhas genealógicas pelos caracteres mais permanentes, quaisquer que sejam e por pequena que seja sua importância para a vida.

Uma disposição semelhante de ossos na mão do homem, a asa do morcego, a aleta da orca e a pata do cavalo; o mesmo número de vértebras no pescoço da girafa e no elefante, e outros inúmeros fatos semelhantes se explicam imediatamente segundo a teoria da descendência com lentas e pequenas modificações sucessivas. A semelhança de tipo entre a asa e a pata de um morcego, ainda que usados para objetivos tão diferentes; entre as peças bucais e as patas de um caranguejo; entre as pétalas, estames e pistilos de uma flor, é também muito compreensível dentro da teoria da modificação gradual das partes ou órgãos que foram primitivamente iguais num antepassado remoto em cada uma dessas classes. Segundo o princípio de que as sucessivas variações nem sempre sobrevêm numa idade jovem e são herdadas num período correspondente não precoce da vida, compreendemos claramente por que sejam tão semelhantes os embriões dos mamíferos, aves, répteis e peixes, e tão diferentes as formas adultas. Já não podemos nos assombrar mais que o embrião de um mamífero ou ave que respiram no ar tenham cavidades branquiais e artérias formando asas, como as de um peixe que tem de respirar o ar dissolvido na água com o auxílio de brânquias bem desenvolvidas.

O desuso, ajudado às vezes pela seleção natural, terá com frequência reduzido órgãos que se tornaram inúteis com a mudança de costumes ou condições de vida e, segundo essa teoria, podemos compreender a significação dos órgãos rudimentares. Mas o desuso e a seleção geralmente agirão sobre cada ser quando este tenha chegado à idade adulta e tenha de representar todo seu papel na luta pela existência, e assim terão pouca força sobre os órgãos durante a primeira idade; por isso os órgãos não serão reduzidos ou rudimentares nessa primeira idade. O bezerro, por exemplo, herdou de um remoto antepassado, que tinha dentes bem desenvolvidos, dentes que nunca rompem a gengiva da mandíbula superior, e podemos crer que os dentes se reduziram em outro tempo por desuso no animal adulto, porque a língua e o palato ou os lábios se adaptaram admiravelmente a pastar sem o auxílio daqueles, enquanto, no bezerro, os dentes ficaram sem variação e, segundo o princípio da herança nas idades correspondentes, foram herdados desde um tempo remoto até a atualidade. Dentro da teoria de que cada organismo, com todas as suas diversas partes, foi criado especialmente, como é completamente inexplicável que se apresentem com tanta frequência órgãos que levam o evidente selo da inutilidade, como os dentes do feto da vaca, ou as asas dobradas sob os élitros soldados de muitos coleópteros! Pode-se dizer que a natureza se dedicou ao trabalho de revelar seu sistema de modificação por meio dos órgãos rudimentares e das conformações homólogas e embrionárias; mas nós somos demasiado obstinados para compreender sua intenção.

Recapitulei agora os fatos e considerações que me convenceram por completo de que as espécies se modificaram durante uma longa série de gerações. Isso se efetuou principalmente pela seleção natural de numerosas variações sucessivas, pequenas e favoráveis, auxiliada de modo importante pelos efeitos hereditários do uso e desuso das partes e de um modo acessório – isto é, em relação às conformações de adaptação, passadas ou presentes – pela ação direta das condições externas e por variações que, dentro de nossa ignorância, parece-nos que surgem espontaneamente. Parece que anteriormente rebaixei o valor e a frequência dessas últimas formas de variação, quando levam a modificações permanentes de conformação, com independência da seleção natural. E como minhas conclusões foram recentemente muito tergiversadas e se afirmou que atribuo a modificação das espécies exclusivamente à seleção natural, se me permitirá observar que na primeira edição desta obra e nas seguintes pus em lugar bem visível – ou seja ao final da Introdução – as seguintes palavras: "Estou convicto de que a seleção natural foi o modo principal, mas não o único, de modificação".

Isso não foi de utilidade nenhuma. Grande é a força da tergiversação contínua; mas a história da ciência mostra que, felizmente, essa força não perdura muito.

Dificilmente se pode admitir que uma teoria falsa explique de um modo tão satisfatório, como o faz a teoria da seleção natural, as diferentes e extensas classes de fatos antes indicadas. Recentemente se fez a objeção de que esse é um método de raciocinar perigoso; mas é um método utilizado ao avaliar os fatos comuns da vida e foi utilizado muitas vezes pelos maiores filósofos naturalistas.

Desse modo se chegou à teoria ondulatória da luz e a crença na rotação da terra sobre seu eixo até pouco tempo não se apoiava quase em nenhuma prova direta. Não é uma objeção válida que a ciência até o presente não dê luz alguma sobre o problema, muito superior, da essência ou origem da vida. Quem pode explicar qual é a essência da atração da gravidade? Ninguém recusa atualmente seguir as consequências que resultam desse elemento desconhecido de atração, apesar de que Leibniz acusou já a Newton de introduzir propriedades ocultas e milagres na filosofia".

Não vejo nenhuma razão válida para que as opiniões expostas neste livro ofendam os sentimentos religiosos de ninguém. É suficiente, como demonstração de como são passageiras essas impressões, recordar que a maior descoberta que jamais fez o homem, ou seja a lei da atração da gravidade, foi também atacada por Leibniz "como subversiva da religião natural e, portanto, da revelada". Um famoso autor e teólogo me escreveu que "gradualmente foi vendo que é uma concepção igualmente nobre da divindade crer que ela criou um reduzido número de formas primitivas capazes de transformar-se por si mesmas em outras formas necessárias, como crer que precisou um ato novo de criação para preencher os vazios produzidos pela ação de suas leis".

Pode-se perguntar por que, até pouco tempo, os naturalistas e geólogos contemporâneos mais eminentes não acreditaram na mutabilidade das espécies: não se pode afirmar que os seres orgânicos no estado natural não estejam submetidos a alguma variação; não se pode provar que a intensidade da variação em decorrência de longos períodos seja uma quantidade limitada; nenhuma distinção clara se assinalou, pode-se ressaltar, entre as espécies e as variedades bem marcantes; não se pode sustentar que as espécies, quando se cruzam, sejam sempre estéreis e as variedades sempre fecundas, ou que a esterilidade é um dom e sinal especial de criação. A crença de que as espécies eram produções imutáveis foi quase inevitável enquanto se creu que a história da terra foi de curta duração, e agora que adquirimos alguma ideia do tempo decorrido propendemos demasiado a admitir sem provas que os registros geológicos são tão perfeitos que nos teriam de ter proporcionado provas evidentes da transformação das espécies, se estas tivessem experimentado transformação.

Mas a causa principal de nossa repugnância natural a admitir que uma espécie deu nascimento a outra diferente é que sempre somos tardos em admitir grandes mudanças cujos graus não vemos. A dificuldade é a mesma que a que experimentaram tantos geólogos quando Lyell sustentou pela primeira vez que os agentes que vemos ainda em atividade formaram as longas linhas de rochedos e escavaram os grandes vales. A mente não pode abarcar toda a significação nem sequer da expressão *um milhão de anos;* não pode somar e perceber todo o resultado de muitas pequenas variações acumuladas durante um número quase infinito de gerações.

Mesmo estando completamente convencido da verdade das opiniões dadas neste livro sob a forma de um resumo, não espero de modo algum convencer a experimentados naturalistas cuja mente está cheia de uma profusão de fatos vistos todos, durante um longo curso de anos desde um ponto de vista diametralmente oposto ao meu. É comodíssimo ocultar nossa ignorância sob expressões tais como *o plano da criação, unidade de tipo* etc., e crer que damos uma explicação quando tão só repetimos a afirmação de um fato. Aqueles cuja disposição natural os leve a dar mais importância a dificuldades não explicadas do que à explicação de um grande número de fatos, recusarão seguramente a teoria. Alguns naturalistas dotados de muita flexibilidade mental e que começaram já a duvidar da imutabilidade das espécies, podem ser influenciados por este livro, mas olho com confiança para o porvir, para os naturalistas jovens, que serão capazes de ver os dois lados do problema com imparcialidade. Quem quer que seja levado a crer que as espécies são mutáveis, prestará um bom serviço expressando honradamente sua convicção, pois só assim pode-se tirar o ônus de preconceitos que pesam sobre essa questão.

Vários naturalistas eminentes manifestaram recentemente sua opinião de que uma abundância de supostas espécies dentro de cada gênero não são espécies reais; mas que outras espécies são reais, isto é, que foram criadas independentemente. Isso me parece que é chegar a uma estranha conclusão. Admitem uma exuberância de formas, que até pouco tempo eles mesmos acreditavam ser criações especiais, e que são consideradas ainda assim pela maioria dos naturalistas e que, portanto, têm todos os traços característicos extremos de verdadeiras espécies; admitem, sim, que essas foram produzidas por variação, mas se negam a tornar extensiva a mesma opinião a outras formas pouco diferentes. No entanto, não pretendem poder definir, e nem sequer conjeturar, quais são as formas orgânicas criadas e quais as produzidas por leis secundárias. Admitem a variação como um *lado causa* num caso; arbitrariamente a recusam em outro, sem assinalar nenhuma distinção entre ambos. Virá o dia em que isso se citará como um exemplo da cegueira da opinião preconcebida. Esses autores parecem não se assombrar mais de um ato milagroso ou de criação que de um nascimento ordinário. Mas creem realmente que em inúmeros períodos da história da terra certos átomos elementares receberam a ordem de formar de repente tecidos vivos? Creem que em cada suposto ato de criação se produziram um ou muitos indivíduos? As infinitas classes de animais e plantas foram criadas todas como ovos ou sementes, ou por completo desenvolvidas? E, no caso dos mamíferos, foram estes criados levando o falso sinal da nutrição desde o útero da mãe? Indubitavelmente, algumas dessas mesmas perguntas não podem ser respondidas pelos que acreditam na aparição ou na criação de só um reduzido número de formas orgânicas ou de alguma forma somente. Diversos autores sustentaram que é tão fácil acreditar na criação de um milhão de seres como na de um; mas o axioma filosófico de Maupertuis[26], da menor *ação* nos leva com mais gosto a admitir o menor número, e certamente não precisamos crer que foram criados inúmeros seres dentro de cada uma das grandes classes com sinais patentes, mas enganosas, de ser descendentes de um só antepassado.

Como recordação de um estado anterior de coisas, conservei nos parágrafos precedentes e em outras partes várias frases que implicam que os naturalistas acreditam na criação separada de cada espécie, e fui muito censurado por ter-me expressado assim; mas indubitavelmente era essa a crença geral quando apareceu a primeira edição da presente obra. Em outro tempo falei a muitos naturalistas sobre o problema da evolução e nunca encontrei uma acolhida simpática. É provável que alguns cressem então na evolução; mas guardavam silêncio ou se expressavam tão ambiguamente, que não era fácil compreender seu pensamento. Atualmente, as coisas mudaram por completo, e quase todos os naturalistas admitem o grande princípio da evolução. Há, não obstante, alguns que creem ainda que as espécies se produziram de repente, por meios completamente inexplicáveis, formas novas totalmente diferentes; mas, como tentei demonstrar, podem opor-se provas importantes à admissão de modificações grandes e bruscas. Desde um ponto de vista científico, e quanto a levar a ulteriores investigações, crendo que de formas antigas e muito diferentes se desenvolvem de repente, de um modo inexplicável, formas novas, consegue-se pouquíssima vantagem sobre a antiga crença na criação das espécies do pó da terra.

Pode-se perguntar até onde faço extensiva a doutrina da modificação das espécies. Essa questão é difícil de responder, pois quanto mais diferentes são as formas que consideremos, tanto menor é o número e força das razões em favor da origem comum; mas algumas razões de maior peso chegam até muito longe. Todos os membros de classes inteiras estão reunidos por uma corrente de afinidades, e podem todos se classificar, segundo o mesmo princípio, em grupos subordinados. Os fósseis tendem às vezes a preencher intervalos enormes entre ordens existentes.

Os órgãos em estado rudimentar mostram claramente que um remoto antepassado teve o órgão em estado de completo desenvolvimento, e isso, em alguns casos, supõe uma modificação gigantesca nos descendentes. Em classes inteiras, diversas estruturas estão conformadas segundo os mesmos tipos, e numa idade muito precoce os embriões se parecem muito. Por isso não posso duvidar de que a teoria da descendência com modificação compreende todos os membros de uma mesma classe ou de um mesmo reino. Acredito que os animais descendem, no máximo, de só quatro ou cinco progenitores, e as plantas, de um número igual ou menor.

A analogia me levaria a dar um passo mais, ou seja, a crer que todos os animais e plantas descendem de um só protótipo; mas a analogia pode ser um guia enganoso. No entanto, todos os seres existentes têm muito em comum em sua composição química, sua estrutura celular, suas leis de crescimento e em ser susceptíveis às influências nocivas.

Vemos isso num fato tão insignificante como o do mesmo veneno que muitas vezes age de um modo semelhante em animais e plantas, ou que o veneno segregado por cinipídeos produza excrescências monstruosas na roseira silvestre e no carvalho. Em todos os seres orgânicos, exceto, talvez, alguns dos muito inferiores, a reprodução sexual parece ser essencialmente semelhante. Em todos até onde atualmente se sabe, a vesícula germinativa é a mesma, de maneira que todos os organismos partem de uma origem comum. Se consideramos inclusive as duas divisões principais – ou seja os reinos animal e vegetal – determinadas formas inferiores são de caráter tão intermediário, que os naturalistas discutiram em que reino se devem incluir. Como o professor Asa Gray observou, "os esporos e outros corpos reprodutores de muitas das algas inferiores podem alegar que têm primeiro uma existência animal característica e depois uma existência vegetal inequívoca". Por isso, segundo o princípio da seleção natural com divergência de caracteres, não parece impossível que, tanto os animais como as plantas, possam ter-se desenvolvido a partir de alguma de tais formas interiores e intermediárias, e se admitirmos isso, temos também de admitir que todos os seres orgânicos que em todo tempo viveram sobre a terra podem ter descendido de alguma forma primordial. Mas essa dedução está baseada principalmente na analogia e é indiferente que seja admitida ou não. Indubitavelmente é possível, como propôs G. H. Lewes, que nas primeiras origens da vida se produziram formas muito diferentes; mas, se é assim, podemos chegar à conclusão de que só pouquíssimas deixaram descendentes modificados; pois, como observei até pouco tempo, no que se refere aos membros de cada um dos grandes reinos, tais como os vertebrados, articulados etc., temos em suas conformações embriológicas, homólogas e rudimentares, provas claras de que dentro de cada reino, todos os animais descendem de um só progenitor.

Quando as opiniões propostas por mim neste livro e por Wallace, ou quando opiniões análogas sobre a origem das espécies sejam geralmente admitidas, poderemos prever vagamente que haverá uma considerável revolução na História Natural.

Os sistemáticos poderão prosseguir seus trabalhos como até o presente; mas não estarão obcecados incessantemente pela obscura dúvida de se esta ou aquela forma são verdadeiras espécies, que – estou seguro, e falo por experiência – será de grande alívio. Cessarão as intermináveis discussões se umas cinquenta espécies de sarça britânicas são ou não boas espécies. Os sistemáticos terão só que decidir – o que não será fácil – se uma forma é suficientemente constante e diferente das outras para ser suscetível de definição e, caso o seja, se as diferenças são bastante importantes para que mereça um nome específico. Esse último ponto passará a ser uma consideração bem mais essencial do que é atualmente, pois as diferenças, por pequenas que sejam, entre duas formas quaisquer, se não estão unidas por gradações intermediárias, são consideradas pela maioria dos naturalistas como suficientes para elevar ambas as formas à categoria de espécies.

No futuro nos veremos obrigados a reconhecer que unicamente distinção entre espécies e variedades bem marcantes é que dessas últimas se sabe, ou se crê, que estão unidas atualmente por gradações intermediárias, enquanto as espécies o estiveram em outro tempo. Portanto, sem excluir a consideração da existência atual de gradações intermediárias entre duas formas, nos veremos levados a medir mais cuidadosamente a intensidade real da diferença entre elas e a conceder-lhe maior valor.

É perfeitamente possível que formas reconhecidas hoje geralmente como simples variedades possam, no futuro, ser avaliadas dignas de nomes específicos, e nesse caso a linguagem científica e a visão atual se porão de acordo. Numa palavra, teremos de tratar as espécies do mesmo modo que tratam os gêneros os naturalistas que admitem os gêneros como simples combinações artificiais feitas por conveniência. Essa pode não ser uma perspectiva tentadora; mas, pelo menos, nos veremos livres das infrutíferas indagações depois da essência obscura e indescritível do termo *espécie*.

Os outros ramos mais gerais da História Natural aumentarão muito em interesse. Os termos *afinidade, parentesco, comunidade de tipo, paternidade, morfologia, caracteres de adaptação órgãos rudimentares e atrofiados* etc., empregados pelos naturalistas, cessarão de ser metafóricos e terão o sentido direto. Quando não contemplemos já um ser orgânico como um selvagem contempla um barco, como algo completamente fora de seu entendimento; quando olhemos todas as produções da natureza como seres que tiveram uma longa história; quando contemplemos todas as complicadas conformações e instintos como o resumo de muitas disposições úteis todas a seu possuidor, do mesmo modo que uma grande invenção mecânica é o resumo do trabalho, a experiência, a razão e até dos erros de numerosos operários; quando contemplemos assim cada ser orgânico, tanto mais interessante – falo por experiência – se fará o estudo da História Natural!

Abrir-se-á um campo de investigação, grande e quase não pisado, sobre as causas e leis da variação e correlação, os efeitos do uso e do desuso, a ação direta das condições externas, e assim sucessivamente. O estudo das produções domésticas aumentará imensamente de valor. Uma nova variedade formada pelo homem será um objeto de estudo mais importante e interessante do que uma espécie mais adicionada à infinidade de espécies já registradas. Nossas classificações chegarão a ser genealógicas até onde possam fazer-se desse modo e então expressarão verdadeiramente o que se pode chamar o plano de criação. As regras da classificação, indubitavelmente, se simplificarão quando tenhamos em vista um fim definido. Não possuímos nem genealogias nem escudos de armas, e temos de descobrir e seguir as numerosas linhas genealógicas divergentes em nossas genealogias naturais, relacionadas aos caracteres de todas as classes que foram herdadas durante muito tempo. Os órgãos rudimentares falarão infalivelmente sobre a natureza de conformações perdidas há muito tempo; espécies e grupos de espécies chamadas berrantes e que podem elegantemente chamar-se *fósseis vivos,* nos ajudarão a formar uma representação das antigas formas orgânicas. A embriologia nos revelará muitas vezes a conformação, em algum grau obscurecido, dos protótipos de cada uma das grandes classes.

Quando possamos estar seguros de que todos os indivíduos de uma mesma espécie e todas as espécies muito afins da maioria dos gêneros descenderam, num período não muito remoto, de um antepassado, e emigraram desde um só lugar de origem, e quando conheçamos melhor os muitos meios de migração, então, mediante a luz que atualmente projeta e que continuará projetando a geologia sobre mudanças anteriores de climas e de nível da terra, poderemos seguramente seguir de um modo admirável as antigas emigrações dos habitantes de todo mundo. Ainda atualmente, a comparação das diferenças entre os habitantes do mar nos lados opostos de um continente e a natureza dos diferentes habitantes desse continente em relação com seus meios aparentes de imigração, podem lançar alguma luz sobre a geografia antiga.

A nobre ciência da geologia perde esplendor pela extrema imperfeição de seus registros. A crosta terrestre, com seus restos enterrados, não pode ser considerada como um rico museu, senão como uma pobre coleção feita a esmo e em poucas ocasiões. Reconhecer-se-á que a acumulação de cada formação fóssil importante dependeu da coincidência excepcional de circunstâncias favoráveis e que os intervalos em branco entre as camadas sucessivas foram de grande duração; e podemos estimar com alguma segurança a duração desses intervalos pela comparação de formas orgânicas precedentes e subsequentes. Temos de ser prudentes ao tentar estabelecer, pela sucessão geral das formas orgânicas, correlação de rigorosa contemporaneidade entre duas formações que não compreendem muitas espécies diferentes. Como as espécies se reproduzem e se extinguem por causas que atuam lentamente e que ainda existem, e não por atos milagrosos da criação; e como a mais importante de todas as causas de modificação orgânica é quase independente da mudança – e mesmo às vezes da mudança brusca – das condições físicas, ou seja, da relação mútua de um organismo com outro organismo, pois o aperfeiçoamento de um organismo ocasiona o aperfeiçoamento ou a destruição de outro, concluímos, então, que a magnitude das modificações orgânicas nos fósseis de formações consecutivas serve provavelmente como uma boa medida do lapso de tempo relativo, mas não do absoluto. Um grande número de espécies, no entanto, reunidas formando um conjunto, puderam permanecer sem variação durante um longo período, enquanto dentro do mesmo período alguma dessas espécies, emigrando para novas regiões e entrando em concorrência com formas forasteiras, pôde modificar-se; de maneira que não podemos exagerar a exatidão da variação orgânica como medida do tempo.

No futuro, vejo um campo amplo para investigações bem mais interessantes. A psicologia se baseará seguramente sobre os alicerces, bem propostos já por Herbert Spencer, da necessária aquisição gradual de cada uma das faculdades e aptidões mentais. Projetar-se-á muita luz sobre a origem do homem e sobre sua história.

Autores eminentes parecem estar completamente satisfeitos com a hipótese de que cada espécie foi criada independentemente. No meu entender, parece-me que pelo que conhecemos das leis determinadas pelo Criador para a matéria que a produção e extinção dos habitantes passados e presentes da terra tenham sido devidas a causas secundárias, como as que determinam o nascimento e morte do indivíduo. Quando considero todos os seres, não como criações especiais, senão como descendentes diretos de um reduzido número de seres que viveram muito antes que se depositasse a primeira camada do sistema cambriano, parece-me que se enobrecem. Avaliando pelo passado, podemos deduzir com segurança que nenhuma espécie existente transmitirá sem alteração sua semelhança até uma época futura longínqua. E das espécies que agora vivem, pouquíssimas transmitirão descendentes de nenhuma classe a idades remotas; pois a maneira como estão agrupados todos os seres orgânicos mostra que em cada gênero a maioria das espécies, e em muitos gêneros, todos não deixaram descendente algum e se extinguiram por completo. Podemos propor um olhar profético para o futuro, até o ponto de predizer que as espécies comuns e muito difundidas, que pertencem aos grupos maiores e predominantes, serão as que finalmente prevalecerão e procriarão espécies novas e predominantes. Como todas as formas orgânicas existentes são os descendentes diretos das que viveram faz muito tempo na época cambriana, podemos estar seguros de que jamais se interrompeu a sucessão ordinária por geração e de que nenhum cataclismo assolou o mundo inteiro; portanto, podemos contar, com alguma confiança, com um porvir seguro de grande duração. E como a seleção natural atua somente mediante o bem e para o bem de cada ser, todos os dons intelectuais e corporais tenderão a progredir para a perfeição.

É interessante contemplar uma vertente verdejante revestida por muitas plantas de várias classes, com aves que cantam nos ramos das árvores, com diferentes insetos que revoam e com vermes que se arrastam entre a terra úmida, e refletir que essas formas, primorosamente construídas, tão diferentes entre si, e que dependem mutuamente de modos tão complexos, foram produzidas por leis que agem a nosso redor. Essas leis, adotadas num sentido mais amplo, são: a de crescimento *com reprodução;* a de herança que quase está compreendida na de reprodução; a de variação pela ação direta e indireta das condições de vida e pelo uso e desuso; uma *razão de aumento,* tão elevada, tão grande, que conduz a uma *luta pela vida,* e como consequência à seleção *natural,* que determina a *divergência de caracteres* e a *extinção* das formas menos aperfeiçoadas. Assim, a coisa mais elevada que somos capazes de conceber, ou seja, a produção dos animais superiores, resulta diretamente da batalha da natureza, da fome e da morte. Há grandeza nessa concepção de que a vida, com suas diferentes forças, foi alentada pelo Criador num reduzido número de formas ou numa só e que, enquanto este planeta foi girando segundo a constante lei da gravitação, desenvolveram-se e estão se desenvolvendo, a partir de um princípio tão simples, infinidade de formas mais belas e portentosas.

Esboço Autobiográfico

A editora alemã me solicitou que lhe escrevesse um artigo sobre o modo pelo qual se desenvolveu minha mente e meu caráter, e que fosse ao mesmo tempo um esboço autobiográfico. Acredito que essa tarefa pode ser útil para distrair minha mente, que ora se encontra um pouco perturbada, e talvez até vá interessar aos meus filhos e netos. Ao menos, eu sentiria enorme deleite se pudesse ler um trabalho desse tipo, escrito por meu avô, retratando sua mentalidade e descrevendo o que ele fez e como fez, ainda que se tratasse de um compêndio tedioso e carregado.

Tentei compor esta biografia como se já estivesse morto, no outro mundo, e de lá me tivesse vindo a ideia de fazer um apanhado geral do que teria sido minha vida. Isso não foi difícil, porque a vida já está em vias de me dizer adeus[27]. Ao redigir estas linhas, devo dizer que não tive a menor preocupação quanto ao estilo.

Nasci em Shrewsbury, em 12 de fevereiro de 1809. Minhas lembranças iniciais daqueles dias tão distantes datam de quando, com 4 anos, fui, no verão, com meus avós a uma localidade perto de Abergele, a fim de tomar banhos de mar. Minha mãe faleceu em julho de 1817, quando eu tinha pouco mais de 8 anos. Dela ficaram registrados em minha memória apenas seu leito de morte e a mortalha negra com a qual a cobriram.

Meu pai, Robert Waring Darwin, na primavera daquele mesmo ano, matriculou-me numa escola de Shrewsbury, que frequentei por 12 meses. Disseram-me que minha irmã mais nova, Katherine, era mais estudiosa do que eu; acredito que sim, pois me lembro de ter sido um menino inquieto e pouco obediente. Aproveito para escrever que tive um irmão e quatro irmãs. Na ocasião em que estive nessa escola, já demonstrava natural inclinação para colecionar todos os tipos de objetos: conchas, pedras, selos postais, lacres carimbados, moedas, timbres etc., mostrando meu interesse especial por conhecer o nome das plantas. A paixão por colecionar coisas, que leva o homem a ser um sistemático naturalista, ou antiquário, ou apenas um avarento, era em mim muito forte e com certeza inata, porque meu irmão Erasmus nunca demonstrou essa tendência, assim como nenhuma de minhas irmãs.

Não posso deixar de mencionar a conversa que tive naquele ano com um de meus colegas, creio que fosse Leighton, depois Reverendo W. A. Leighton, célebre botânico que se especializou no estudo dos liquens. É curioso expor essa conversa, porquanto ela mostra que já naquela época eu me interessava pelo tema da variabilidade das plantas. Eu lhe dizia na ocasião que era capaz de fazer determinadas plantas das famílias do nardo e da prímula, cujas flores são claras, passarem a ter flores de cores variadas, bastando banhá-las em determinadas tinturas, o que era minha invenção pura, visto que nunca me dera ao trabalho de realizar essa experiência.

Posso afirmar que, durante minha infância, sentia espantoso prazer em simular fatos e situações, com a única finalidade de despertar a curiosidade das pessoas. Certa vez, por exemplo, colhi uma grande quantidade de frutas do pomar de meu pai e corri a escondê-las no mato, voltando em seguida o mais rápido que pude, a fim de contar para toda a família, assombrado, que acabara de encontrar um esconderijo cheio de frutas roubadas.

Quando entrei para a escola, como era estúpido! Certo dia, um colega chamado Garnett me levou a uma confeitaria e pediu uns biscoitos, saindo sem pagar – sem dúvida o dono devia conhecê-lo. Ao sairmos, perguntei-lhe qual o objetivo daquilo, ele respondeu: "Fique sabendo que meu tio, ao morrer, deixou toda a sua fortuna para esta cidade, com a condição de que os comerciantes daqui fornecessem gratuitamente tudo o que fosse pedido pela pessoa que usasse o chapéu que ele trazia em vida e que os saudasse fazendo uma certa reverência". Em seguida, mostrou-me como devia ser feita a tal reverência. Dali fomos a outro estabelecimento, onde ele pediu um produto qualquer, saudou o comerciante e de novo saiu sem pagar: sua família devia ter crédito por lá. Ele então propôs: "Quer tentar fazer o mesmo naquela confeitaria do outro lado da rua? Pode usar meu chapéu. Pegue e leve o que quiser, mas não se esqueça da reverência".

Mais que depressa aceitei a generosa oferta, entrei na confeitaria e pedi um pacote de doces; em seguida, tirando o chapéu, curvei-me idêntico ao ensinado e já ia saindo todo orgulhoso, quando ouvi os brados do confeiteiro, que vinha atrás de mim exigindo seu pagamento. Tive de jogar o pacote no chão e correr porta afora, para escapar da cólera do homem, sendo recebido com gargalhadas pelo falso amigo Garnett, que me esperava a dez ou doze passos do local, ansioso pelo resultado daquela experiência arriscada.

Em meu favor, afirmo que fui um garoto cordial e de bom coração, condições que devo ter adquirido do que via em minhas irmãs, pois não sei se a bondade e a amabilidade formam as qualidades inatas ou adquiridas. Gostava de colecionar ovos de pássaros, mas nunca tirei mais de um de cada ninho, exceto numa ocasião em que apanhei todos, não por ambição ou impulso, mas sim para replicar a um desafio que me fizeram. Em outra ocasião, na escola, querendo mostrar-me corajoso, afrontei um vira-lata, afugentando-o aos pontapés, mas acho que não o machuquei muito, porque ele nem ganiu.

Mesmo assim, senti muito remorso por essa atitude cruel, que daquele dia em diante passei a tratar todos os cães com muito carinho, que aos poucos se foi transformando na paixão que sinto por esses animais hoje. Os cães, ao que parece, entendem isso, pois muitos preferem ser acariciados por mim do que por seus próprios donos.

Outro incidente de que me lembro bem foi um que presenciei em meus anos escolares: o enterro de um soldado de cavalaria. Fiquei tão admirado com a visão do cavalo seguindo o féretro trazendo na sela as botas e a carabina do morto dependuradas, que me parece até estar revendo a cena, neste momento em que a descrevo. Toda a imaginação poética que uma criança naquela idade pudesse possuir deve ter vindo à tona naquele instante.

Também em Shrewsbury, durante o verão de 1818, mudei-me para uma escola mais adiantada, dirigida pelo Doutor Butler, onde permaneci por sete anos, até 1825, quando já tinha 16 anos. Permaneci lá em regime semi-interno, o que me proporcionou conciliar as vantagens da vida escolar integral com as de não perder o contato com a família. Todos os dias ia para casa, aproveitando o recreio, que era de uma hora. Minha casa estava a cerca de uma milha da escola, o que, como bom andarilho, não me causava nenhuma preocupação.

Por isso, e graças ao auxílio divino, ao qual sempre recorri para que me ajudasse na rapidez de minhas jornadas, jamais cheguei atrasado um minuto sequer à escola. Meu pai e minha irmã mais velha diziam que os passeios solitários constituíam uma de minhas maiores diversões. Não sei até quanto disso é verdade. O fato é que, enquanto fazia o percurso de ida e volta, quase sempre deixava a mente divagar, pensando em uma infinidade de coisas diferentes, o que vem contradizer a afirmação dos fisiólogos de que cada pensamento requer uma apreciável quantidade de tempo para se formar.

Nada poderia ter sido pior do que a escola do Doutor Butler para o desenvolvimento de minha intelectualidade clássica no estrito sentido da palavra, visto que ali só nos ensinavam latim, grego e umas pinceladas de geografia e história. No decorrer de minha vida, o tempo que passei naquele educandário de nada me serviu, já que nem versos eu aprendi a fazer, doutrina à qual ali se dava a maior importância, uma vez que tal não era a minha inclinação: ainda que fosse capaz de decorar, de uma sentada, longos trechos de Virgílio e Homero, com a maior facilidade os esquecia 48 horas depois.

As únicas poesias que me agradavam eram as odes de Horácio, que eu achava verdadeiramente admiráveis.

Quanto às línguas estrangeiras, basta dizer que em toda a minha vida jamais consegui dominar uma só que fosse. Quando hoje me lembro daqueles tempos, percebo que as únicas características que desenvolvi e que me capacitaram a enfrentar a luta pela sobrevivência foram as de saber direcionar minhas forças para uma determinada empresa o meu enorme entusiasmo por tudo o que chegasse a me interessar, e a verdadeira ânsia que me domina quando me decido a deslindar algum problema intrincado.

Tomei até aulas particulares para aprender os postulados de Euclides, e lembro-me da enorme satisfação que me proporcionavam aqueles ensinamentos de geometria. Recordo também a alegria que senti no dia em que compreendi o princípio do nônio e pude fazer corretamente a leitura de um barômetro. Ciências à parte, apreciava bastante a leitura das peças históricas de Shakespeare, os poemas de Thomson e as poesias de Byron e de Scott, então recém-publicadas. Nessa época, um de meus colegas emprestou-me o livro "As Maravilhas do Mundo", que li e reli várias vezes, discutindo com os outros meninos sobre a veracidade de algumas de suas passagens. Esse livro despertou em mim o desejo de conhecer as terras longínquas, sonho concretizado anos mais tarde, quando fiz parte do cruzeiro do Beagle.

Nos últimos tempos de minha passagem pela escola tornei-me grande aficionado da espingarda, e não acredito que alguém pudesse se dedicar com mais afinco a causa tão nobre como a da caça aos pássaros. Quando matei minha primeira ave, fiquei tão trêmulo de inquietação que nem consegui recarregar a arma. Prossegui com ânimo na prática desse esporte, chegando a ser um excelente atirador.

No que se relaciona à ciência, continuei colecionando pedras, mas sem qualquer arranjo, e insetos, com mais dedicação. Em 1819, então com 10 anos, lembro-me de um momento em que, passamos três semanas em Plas Edwards, no litoral galês, e lá me interessou e surpreendeu muito encontrar diversos insetos que não existiam onde morávamos; entre eles, um hemíptero vermelho e preto, algumas mariposas (Zygoena) e um cincilídeo. Porém, um dia, desisti de continuar com meus desígnios de colecionador, porque, conversando sobre esse passatempo com minha irmã, ela me censurou por matar insetos pelo prazer infantil de colecioná-los.

Depois de ler o livro *"Selborne"*, de White, habituei-me a observar os costumes das aves, anotando tudo o que via. Dediquei-me com tanto empenho a esse novo interesse, que chegava a estranhar que existissem indivíduos que não fossem ornitólogos.

Meu irmão, na derradeira fase de minha educação escolar, que se dedicava com tenacidade aos estudos da química, instalou seu laboratório no barracão em que se guardavam as ferramentas e apetrechos do jardim, e lá chegou a fazer gases e compostos. Eu tinha o costume de ajudá-lo; e na escola quando o souberam, puseram-me o apelido de "Mister Gás".

Dediquei-me a ler o "Catecismo de Química", de Henry e Parkes, livro que me interessou muito. Alguém resolveu contar ao Doutor Butler, que me repreendeu "por perder tempo em coisas tão inúteis". Contudo foi no laboratório de meu irmão que tive os ensinamentos mais úteis daqueles anos, tomando conhecimento do significado da ciência experimental.

Como não via nenhum progresso na escola do Doutor Butler, meu pai resolveu tirar-me de lá, em outubro de 1825 e, apesar de minha pouca idade, enviou-me à Universidade de Edimburgo, onde permaneci por dois anos. Meu irmão lá estava, terminando seus estudos de medicina, quando eu iniciei os meus.

Alguns meses depois, soube, por fonte fidedigna, de que meu pai iria me deixar rendimentos suficientes para viver com certa tranquilidade. Mesmo não imaginando que chegasse a dispor de tanto quanto agora, a confiança que me veio acerca do futuro de meus meios de subsistência foi grande o bastante para esfriar os ânimos que poderia ter dedicado aos estudos de medicina.

As aulas em Edimburgo eram ministradas como conferências, que com o tempo se foram tornando extremamente pesadas e enfadonhas para mim.

Um dos maiores prejuízos que se refletiu em toda a minha vida foi o fato de não me terem ensinado anatomia e dissecação, que me teriam sido de enorme valia para os trabalhos que realizei posteriormente.

Esses conhecimentos e minha incapacidade para o desenho constituíram deficiências irremediáveis para mim. Assistia às aulas práticas nas salas do hospital, muito me impressionando certos casos que presenciei, alguns dos quais recordo neste instante como se estivesse vendo. Não compreendo por que essa parte de meus estudos não chegou a interessar-me, uma vez que, no verão anterior à minha admissão na Universidade, medicava meninos e mulheres pobres em Shrewsbury, havendo dias em que atendi até 14 doentes – cheguei a curar toda uma família com tártaro emético. Meu pai dizia que eu seria um grande médico, querendo denotar com isso que minha clientela seria bem ampla.

Assisti a duas operações apavorantes na sala de cirurgia da Universidade de Edimburgo, uma de uma criança, mas não esperei que nenhuma delas terminasse, e nunca mais voltei a participar das aulas práticas. Naquele tempo ainda não tínhamos as benesses do clorofórmio, e foi tão grande a impressão de dor e aflição que me deixaram essas duas operações, que sua lembrança me perseguiu depois por muitos anos.

Meu irmão terminou seu curso logo que completei um ano na Universidade, o que de certa forma foi benéfico para mim, já que, a partir daí, durante o segundo ano de meus estudos, pude agir sem sua ajuda, e assim me vi obrigado a dispor de todas as minhas energias para me desenvolver.

Fiz amizade com vários estudantes que se dedicavam às ciências naturais. Um deles se chamava Ainsworth, que depois publicou o relato de suas viagens pela Assíria. Sabia de tudo um pouco, era geólogo da Escola Werneriana. Outro sujeito, muito distinto, era o Doutor Coldstream, que faleceu em 1863: elegante, sóbrio, muito religioso e dono de um bom coração. Publicaria mais tarde alguns excelentes artigos de zoologia.

O terceiro era Hardie, que se tornaria mais tarde um famoso botânico. Morreu na Índia ainda jovem. Conheci ainda o Doutor Grant, que era alguns anos mais velho do que eu. Não consigo me lembrar como foi que começamos nossa amizade.

Ele chegou a publicar uns artigos muito bons sobre zoologia; entretanto, depois que foi nomeado professor do London College, nunca mais trouxe a lume qualquer trabalho científico e eu nunca pude saber a razão. Tinha modos discretos e diretos, escondendo debaixo de uma aparente rudeza externa um temperamento cheio de ternura.

Um dia, quando passeávamos juntos, irrompeu em uma série de elogios sobre Lamarck e suas ideias sobre a evolução.

Fiquei a ouvi-lo mudo e surpreso, sem que suas opiniões produzissem efeito algum sobre mim. Eu já lera a *"Zoonomia"* de autoria de meu avô, que defendia idênticos conceitos, e que também não me entusiasmara. É verdade que essa obra me causou grande admiração quando a li pela primeira vez; relendo-a 14 ou 15 anos depois, fiquei bastante decepcionado com a enorme dimensão de ideias teóricas, em relação ao baixo número de ocorrências passíveis de serem demonstradas.

Os doutores Grant e Coldstream dedicavam-se muito à zoologia marinha, e por várias vezes acompanhei o primeiro em suas pesquisas nas lagoas e nos charcos litorâneos, para recolher e colecionar os animais deixados pelas marés, que eu dissecava como podia.

Também conheci pescadores de Newhaven, saindo várias vezes com eles, nas ocasiões em que iam pescar ostras, das quais consegui diversos exemplares. No entanto, o meu pequeno conhecimento de anatomia e o fato de dispor de um microscópio bem ruim tornaram bastante precários os resultados dessas pesquisas. Em inícios do ano de 1826, não obstante, realizei uma pequena descoberta e li um trabalho meu sobre esse assunto na *Plinian Society*.

Afirmei então que aquilo que se imaginava serem os ovos dos animais do gênero Flustra, um dos mais comuns entre os polizoicos, na realidade eram larvas, visto possuírem pelos microscópicos, denominados cílios, dotados, portanto, de movimentos independentes. Noutro trabalho demonstrei que os corpúsculos globulares que até então se julgavam constituírem a fase inicial da vida do *Fucus loreus* outra coisa não eram senão as bainhas dos ovos da *Pontobdella muricata* vermicular. Infelizmente, os trabalhos lidos perante a *Plinian Society* não eram impressos, e por isso não tive a satisfação de ver os meus em letra de forma.

Creio, porém, que o Doutor Grant mencionou minha descoberta sobre a Flustra num excelente artigo que publicou a respeito desse animal.

Associei-me então à Real Sociedade de Medicina, assistindo regularmente suas sessões, ainda que não me despertassem grande interesse, visto que os assuntos ali tratados eram exclusivamente de ordem médica. O Doutor Grant levou-me às reuniões da Sociedade Werneriana, em que se discutiam temas relativos à História Natural. Essas discussões eram posteriormente publicadas. Tive ali a oportunidade de ouvir algumas interessantes conferências de Audubon sobre os costumes das aves norte-americanas.

Em uma dessas, o conferencista referiu-se ironicamente a Waterton, de um modo que não me pareceu justo.

Assisti ainda a uma sessão da Real Sociedade de Edimburgo, onde ouvi Walter Scott, presidente recém-eleito, desculpar-se por sua incapacidade para aquele cargo. Olhei-o e a toda aquela plêiade com um respeitoso temor.

Acredito que essa minha visita e o fato de haver frequentado as reuniões da Real Sociedade de Medicina influíram grandemente para que, anos mais tarde, tenha eu sido eleito membro honorário de ambas as instituições, honra que mais me envaidece dentre todas as outras que recebi desse gênero. Declaro, com toda a sinceridade, que se então me houvessem feito a previsão de que iria merecer tal honraria, tê-la-ia colocado na conta de fato tão impossível de acontecer quanto o seria o de ser eu um dia eleito rei da Inglaterra.

Assisti às conferências proferidas por Jameson sobre geologia e zoologia, durante esse meu segundo ano em Edimburgo tendo-as achado tão enfadonhas que cheguei a determinar-me não abrir um livro de geologia em toda a minha vida e jamais me dedicar ao estudo daquela ciência.

Além disso, tinha certeza de que me encontrava preparado para um estudo filosófico do assunto, porquanto Mr. Cotton, de Shropshire, um senhor entrado em anos que me distinguia com sua amizade e que era grande conhecedor de rochas, mostrara-me havia dois anos certo rochedo isolado existente em Shrewsbury, ao qual dão o nome de "Pedra do Sino", dizendo-me que, para encontrar outro da mesma natureza, seria necessário ir até Cumberland, ou mesmo à Escócia, assegurando-me com toda a convicção ser bem possível que chegasse o fim do mundo sem que se soubesse a explicação de como pudera aquela rocha desprender-se de sua massa original e chegar até aquele lugar em que hoje se encontra. Essa conversa deixou-me profundamente impressionado, pois muitas vezes fiquei a cismar sobre aquele maravilhoso fenômeno. Assim, quando li pela primeira vez alguma coisa acerca da ação das geleiras no transporte dos blocos de pedras desprendidos dos rochedos, apossou-se de mim a maior satisfação, enchendo-me de júbilo o progresso que já fora alcançado pela geologia.

Por ter frequentado as conferências de Jameson, acabei por contatar com o conservador do Museu, Mr. MacGillivray, que mais tarde publicou um livro excelente sobre as aves da Escócia. Ouvi sempre com atenção suas explicações sobre História Natural e ele, ao saber que eu colecionava moluscos marinhos, teve o gesto extremamente bondoso comigo ao me brindar com algumas conchas raras.

Em 1827, uma de minhas visitas outonais a Maer foi memorável para mim, porque tive então a oportunidade de conhecer Sir J. Mackintosh, o melhor conversador que jamais encontrei. Foi com orgulho que soube que ele disse, referindo-se a mim: "Há alguma coisa nesse jovem que me interessa". Talvez fosse devido a isso que eu me punha a escutá-lo com toda a atenção, pois na verdade ignorava inteiramente tudo quanto ele dizia quanto à História Política e à Filosofia Moral. Entretanto, é gratificante ficar sabendo que uma pessoa eminente nos tenha elogiado, pois isso, embora desperte a vaidade do jovem, serve-lhe por outro lado de estímulo para aprimorar o curso de suas ações.

Depois de dois anos em Edimburgo, meu pai concluiu, ou minhas irmãs o fizeram compreender, que eu não tinha a menor inclinação para a medicina, tendo então sugerido que me tornasse clérigo. Causava-lhe grande aborrecimento imaginar que eu poderia tornar-me um homem ocioso, dedicado apenas aos prazeres da caça, segundo parecia ser minha disposição.

Pedi-lhe um certo tempo para pensar no assunto, pois embora tivesse lá meus escrúpulos em aceitar toda a doutrina da Igreja Anglicana, não me desagradava a ideia de vir a ser pároco de uma aldeia. Hoje, considerando o quanto tenho sido violentamente atacado pelos ortodoxos por causa de meus livros, parece-me ridículo que tenha um dia cogitado me tornar um sacerdote. O pior é que esse desejo de meu pai não desapareceu, porque tivesse sido convencido do contrário, mas sim pelo fato de ter-me alistado como naturalista a bordo do Beagle. Eu deveria ser dos mais inclinados a ser clérigo, a se levar em conta o que afirmam os frenologistas, pois há alguns anos um secretário de determinada sociedade psicológica – que não me conhecia – pedia um retrato meu e, poucos meses depois, recebi a cópia da ata de uma sessão na qual se discutira a conformação de meu crânio, tendo-se ali chegado à conclusão de que eu teria desenvolvido "um acentuado caráter de veneração e respeito, suficiente para dez sacerdotes".

Meu pai resolvera de fato que eu devia ser clérigo, e para tanto seria necessário, como condição prévia, que colasse grau nalguma universidade inglesa. Mandaram-me então a Cambridge; porém, como eu não abrira um livro de Humanidades desde que saíra da escola, tive de tomar aulas particulares com um professor de Shrewsbury, antes de ingressar ali. Levei algum tempo para concluir esses estudos e, em princípios de 1828, matriculei-me naquele famoso estabelecimento de ensino, no qual, durante os três anos que ali permaneci, perdi lastimavelmente meu tempo no que concerne a estudos acadêmicos, da mesma forma como o perdera em Edimburgo e na escola de Shrewsbury. Fiz minhas matrículas, mas contentei-me em figurar no grupo dos "mais atrasados", ou seja, daqueles que não aspiravam a honras universitárias.

Havia conferências públicas na Universidade, sendo facultativo o comparecimento. Escaldado com as que ouvira em Edimburgo, deixei de assistir a diversas das que se ministraram em Cambridge, e entre elas as proferidas por Sedgwick, que eram interessantes e muito animadas. Tivesse assistido a essas conferências e por certo teria sido geólogo bem antes do tempo em que esse ramo da ciência me despertou o entusiasmo. Em compensação, assistia às de Henslow sobre botânica, mesmo não sendo matriculado nessa disciplina. Henslow levava-nos a excursões pelo campo, ora a pé, ora de carruagem para os locais mais distantes, ou em barcas pelo rio, e nos dava explicações sobre o terreno, a flora e a fauna que já haviam sido objeto de suas conferências, sempre interessantíssimas.

De nada me valeu o tempo que passei em Cambridge porque, além do mais, empreguei-o muito mal. Devido a minha paixão pelo tiro ao alvo, pelas caçadas e pela equitação, juntei-me a um grupo de rapazes, alguns dos quais não eram lá de costumes muito rígidos. Estávamos sempre juntos durante as refeições; bebíamos frequentemente e, não raro, passávamos da conta; então, cantávamos em altas vozes e depois jogávamos cartas. Sei que deveria envergonhar-me daqueles dias e noites empregados de modo tão fútil; entretanto, não posso evitar que sua lembrança me seja verdadeiramente agradável, pois alguns desses camaradas eram pessoas muito interessantes, e nosso grupo estava sempre dominado por uma alegria e uma cordialidade constantes e imperturbáveis.

Apraz-me lembrar, porém, que também tive outro tipo de amigos, de índole inteiramente diversa. Fiquei íntimo de Whitley – depois Reverendo C. Whitley, cônego honorário de Durhan e professor de Filosofia Natural – que me despertou o gosto pela pintura e pelas gravuras. Com Herbert, mais tarde juiz em Cardiff, tornei-me um apaixonado pela música. Também fiquei amigo de H. Thompson, que posteriormente se tornou presidente de uma grande companhia de estradas de ferro e membro do parlamento.

Devia haver alguma coisa em mim, não sei o quê, que me fazia sobressair dentre os demais estudantes, para que esses alunos tão brilhantes, todos mais velhos que eu, e também outras pessoas já de certa posição social me honrassem com sua companhia. O professor Henslow, por exemplo, profundo conhecedor de botânica, entomologia, química, mineralogia e geologia, dispensava-me um tratamento afetuoso e cordial. Dos que ali conheci, foi quem maior influência teve em minha vida. De tanto que andávamos juntos, os companheiros passaram a chamar-me de "o acompanhante de Henslow". Por diversas vezes aceitei seu convite para jantar em sua casa, ao lado de sua família e de amigos importantes, como o Doutor Whewell, como Leonard Janys, que publicou ensaios de História Natural, como M. Dawes, que chegou a ser Deão de Hereford e granjeou fama pelo sucesso que obteve na educação de pessoas carentes. Nada me proporcionava maior prazer em Cambridge do que colecionar escaravelhos. Fi-lo com tal empenho que cheguei a formar uma coleção excelente, devido à qual tive a oportunidade de experimentar a mesma satisfação do poeta que vê publicados seus versos; isso porque, nas *"Ilustrações dos Insetos Britânicos"*, de Stephens, vinham ao pé das reproduções de meus exemplares estas palavras, para mim mágicas: "Colecionados por C. Darwin". Quem me afeiçoou à Entomologia foi meu primo W. Darwin Fox, pessoa extremamente simpática e por quem sempre nutri grande amizade, especialmente enquanto fomos contemporâneos em Cambridge.

Durante meu último ano universitário, li com profundo interesse a *"Narrativa Pessoal"* de Humboldt. Esse livro e a *Introdução ao Estudo da Filosofia Natural*, de Sir J. Herschel, impregnaram-me do ardente desejo de contribuir, ainda que por meio da mais modesta das colaborações, para o progresso das ciências naturais. De todos os livros que li, nem mesmo uma dezena deles teria exercido sobre mim tanta influência quanto a que estes exerceram. Copiei de Humboldt longos trechos de sua descrição de Tenerife, lendo-os em voz alta nas excursões que fazíamos com o Prof. Henslow, e com isso despertando em todos o desejo de conhecer aquela ilha privilegiada. Não sei se alguns dos companheiros dessa época chegaram a concretizar esse sonho. Quanto a mim, posso dizer que meu entusiasmo chegou a tal ponto que, tendo ido a Londres, pus-me a indagar sobre o assunto pelos escritórios das companhias de navegação, mas não consegui levar à frente o propósito, que só mais tarde realizei, quando tomei parte do cruzeiro do Beagle.

Não tinham fim as gentilezas de Henslow para comigo. Quando de minha saída da Universidade, no início de 1831, persuadiu-me a estudar geologia, e foi o que fiz. Ao regressar a Shrewsbury, pus-me a examinar a região, tendo elaborado um mapa em cores dos arredores da cidade, de acordo com minhas observações. Como o Prof. Sedgwick pretendia visitar o norte do País de Gales em agosto daquele ano, a fim de prosseguir suas célebres investigações geológicas sobre rochas antigas, pediu-lhe Henslow que me levasse, tendo ele aquiescido, mas com a condição de obter previamente o consentimento de meu pai. E naquele verão, efetivamente, ele esteve em minha casa, onde passou a noite, e assim conseguiu a permissão para levar-me em sua companhia.

Partimos na manhã seguinte. Para mim, essa excursão foi de grande utilidade, servindo para que eu me iniciasse na técnica de pesquisar a geologia de um determinado local. Sedgwick determinava que seguíssemos em rumos paralelos, encarregando-me de colher exemplares de rochas e de assinalar num mapa a estratificação e a disposição das camadas no terreno.

Tive então um surpreendente exemplo de como é fácil deixar de perceber os fenômenos quando se é o primeiro geólogo que examina o local. Passamos várias horas em Cawm Idwal, examinando atentamente todas as rochas, uma vez que Sedgwick tinha esperança de encontrar fósseis, e sequer percebemos as evidências de um maravilhoso fenômeno glacial que nos rodeava, deixando de ver as rochas nitidamente estriadas, os rochedos desprendidos, os detritos depositados em montões ao pé das geleiras; entretanto, tais vestígios eram claramente visíveis, revelando a ocorrência do fenômeno de maneira tão evidente quanto seria a fornecida pelos restos de uma casa incendiada, atestando cabalmente que ela um dia ali existiu.

Em Capel Curig, outro local que pesquisávamos, despedi-me de Sedwick e regressei para Shrewsbury, de onde segui para Maer.

Acontece que estávamos no início da temporada de caça à perdiz, e esse esporte exercia em mim tal fascínio, que eu teria então considerado uma verdadeira loucura abandoná-lo pela geologia ou por qualquer outra ciência.

Chegando em casa encontrei uma carta de Henslow, informando-me que o Capitão Fitz-Roy, comandante do veleiro Beagle, punha parte de seu camarote à disposição de um jovem interessado em embarcar como naturalista, sem perceber remuneração, na longa viagem que o navio iria realizar. Nem é preciso dizer que meu desejo foi aceitar imediatamente a oferta. Meu pai, todavia, se opôs, dizendo-me: "Se você conseguir que uma pessoa sensata lhe recomende fazer essa viagem, então conte com o meu consentimento". Naquele instante – era de noite – desanimei, chegando a desistir de tal viagem.

No dia seguinte, porém, meu tio Josiah Wedgwood ofereceu-se espontaneamente para dizer a meu pai que achava ser muito vantajoso para mim empreender o cruzeiro conforme me fora proposto. Meu pai considerava Wedgwood um dos homens mais sensatos que conhecia e assim me deu imediatamente seu consentimento.

Pouco depois, dirigi-me a Cambridge, a fim de me avistar com Henslow. De lá fui para Londres, onde entrei em contato com Fitz-Roy e acertamos tudo que era necessário.

Antes da partida, voltei a Shrewsbury, a fim de passar algum tempo em companhia de meu pai e minhas irmãs. Em fins de outubro fixei residência em Plymouth, em cujo ancoradouro estava fundeado o Beagle. Tentamos por duas vezes fazer-nos ao largo, sendo impedidos por temporais.

Assim permanecemos até 27 de dezembro daquele ano (1831), quando por fim conseguimos deixar a Inglaterra.

Não vou relatar as ocorrências dessa viagem – onde estivemos e o que fizemos – de vez que já o fiz minuciosamente na *Viagem de um Naturalista ao redor do Mundo*. Vêm-me agora à lembrança a luxuriosa vegetação dos trópicos, e de forma ainda mais viva do que quando a contemplei, e também a grandiosidade dos extensos desertos da Patagônia e das montanhas revestidas de vegetação da Terra do Fogo, que tanto me encantaram, deixando em mim uma impressão indelével. A presença de um selvagem despido, em seu ambiente nativo, é uma coisa da qual nunca se esquece.

Muitas de nossas excursões a cavalo pelas selvas e em canoas pelos rios, algumas das quais duraram semanas, foram deveras curiosas, mormente quando complementadas pelos naturais desconfortos e perigos que mais lhes aumentavam o interesse.

Lembro-me também com prazer de determinados trabalhos científicos que levei a cabo, como por exemplo a solução do problema das ilhas de coral e o traçado da estrutura geológica de determinadas ilhas – a de Santa Helena é uma que posso citar. Tenho de mencionar aqui a descoberta que fiz do estranho parentesco existente entre os animais e vegetais de determinadas ilhas do arquipélago de Galápagos e o do conjunto dos seres vivos desse arquipélago com a flora e a fauna do continente sul-americano.

A viagem do Beagle, não resta dúvida, foi o acontecimento mais importante de minha vida, pois decidiu todo o meu desenvolvimento ulterior. Devo-lhe a própria educação do meu caráter, sua efetiva formação, uma vez que, tendo de dividir minha atenção pelos diversos ramos da História Natural, isso me obrigou a desenvolver minhas faculdades de observação.

A pesquisa geológica de todos os lugares que visitei teve também grande importância em minha formação, porquanto nessa investigação o raciocínio é bastante solicitado. Ao se examinar pela primeira vez uma nova região, nada mais desencorajador e desesperador que deparar com um caos de rochas: entretanto, à medida que vamos examinando e registrando a estratificação e a natureza das rochas e dos fósseis em diversos pontos, sempre procurando estabelecer correlações entre as áreas já pesquisadas e as por pesquisar, extraindo daí as necessárias ilações, mais e mais claro se vai tornando o terreno que estamos estudando, e toda a sua estrutura passa a assumir uma feição cada vez mais compreensível.

Estudei e consultei por diversas vezes os *Princípios de Geologia*, de Lyell, que me foram de suma utilidade. O primeiro sítio que pesquisei, Santiago, nas ilhas de Cabo Verde, provou-me patentemente a superioridade do sistema geológico de Lyell quanto aos preconizados por outros autores, cujos livros também trouxera comigo e que eventualmente consultava. A geologia de Santiago é tão surpreendente como simples. No passado, estendeu-se sobre o fundo do mar uma camada de lava contendo conchas e corais triturados, a qual se solidificou posteriormente, tornando-se uma rocha branca e resistente. Daí em diante, a ilha passou a soerguer-se, mas a linha de rocha branca revelou-me um dado novo e importante: apesar de não terem as crateras cessado sua atividade e deixado de expelir lava, pôde-se constatar a ocorrência de subsistência em seu redor.

Outra de minhas ocupações foi a de colecionar toda sorte de animais, descrevendo-os sucintamente e dissecando diversos espécimes marinhos. Todavia, a precariedade de meus conhecimentos de anatomia e minha incapacidade quanto ao desenho fizeram com que de nada servisse boa parte dessas minhas tarefas, salvo no que se refere ao tempo gasto no estudo dos crustáceos, que me foi muito útil anos mais tarde, quando redigi uma monografia sobre os cirrípedes. Dedicava sempre uma parte do dia para redigir meu diário, descrevendo com minúcia tudo o que me era dado observar. Esse relato servia-me também como material para a correspondência familiar, pois sempre enviava os manuscritos para casa, desde que houvesse oportunidade. Fitz-Roy pedia-me às vezes que lhe lesse minhas narrativas, sempre comentando que mereciam ser publicadas um dia.

Recuando no tempo o meu pensamento, percebo agora como se foi então cristalizando em mim o amor pela ciência. Durante os meus dois primeiros anos ao lado dos companheiros do Beagle, continuei sendo inteiramente dominado pela paixão cinegética, tendo matado eu mesmo todas as aves e outros animais que até então figuraram em minha coleção. Com o passar do tempo, porém, fui aos poucos deixando de lado a carabina, até que acabei por presenteá-la a um marinheiro que me acompanhava, porque o exercício de tiro ao alvo estava estorvando meu trabalho, especialmente quando me ocupava do levantamento geológico de uma região. Sem sentir, ia aos poucos tomando consciência de que a satisfação alcançada com o exercício da observação e do raciocínio era muito superior à que se obtinha com os exercícios de tiro ao alvo. Não resta dúvida de que meu intelecto se desenvolveu durante a viagem, porque meu pai, um dos observadores mais atilados que conheci, mesmo sendo inteiramente descrente quanto aos princípios da frenologia, comentou com minhas irmãs, quando me viu chegar do Beagle: "Veja só como se modificou o formato de sua cabeça!"

Em Ascensão, quando nossa viagem já ia chegando ao final, recebi uma carta de minhas irmãs, na qual elas me contavam que Sedgwick visitara nossa casa, e que então declarara a meu pai que eu estava destinado a ocupar um lugar de destaque entre os mais eminentes homens de ciência. A princípio, não pude compreender como poderia Sedgwick ter tomado conhecimento dos meus trabalhos, mas depois soube que Henslow havia lido perante a Sociedade Filosófica de Cambridge algumas das cartas que lhe dirigira, e que posteriormente as imprimira, remetendo-as a diversas pessoas. Também atraíra a atenção dos paleontólogos a coleção de fósseis que eu enviara a Henslow. Quando li a carta que me relatava tudo isso, senti-me transportado aos píncaros das montanhas de Ascensão, e pareceu-me que as rochas ressoavam aos golpes de meu martelete. Essa reação evidencia a ambição que então me dominava. Tenho de dizer, porém, que daí a alguns anos, embora me envaidecesse sobremaneira o conceito que de mim faziam personalidades como Lyell e Hooker, pouco se me dava o que de mim pensasse o público em geral. Isso não significava que não me causasse orgulho um juízo favorável a respeito de meus livros ou o sucesso das suas vendas, mas sim que eu não fazia o mínimo esforço no sentido de granjear notoriedade, bastando-me a consideração da qual meus trabalhos porventura me tornassem merecedor.

Findado o cruzeiro do Beagle, chegamos à Inglaterra em 2 de outubro de 1836. Pus-me a trabalhar diligentemente, preparando a narrativa de minha viagem e um resumo de minhas observações quanto às montanhas costeiras do Chile, que enviei à Sociedade Geológica, a pedido de Lyell. Dividia meu tempo em Shrewsbury, junto a meu pai e minhas irmãs, e em Cambridge e Londres, até que, em princípios de 1837, fixei residência na Capital, onde trabalhei bastante, terminando minhas "Observações Geológicas" e acertando com um editor a publicação de *Zoologia da Viagem do Beagle*. Ali pude ler muita poesia, especialmente Woodsworth e Coleridge, e também reler não sei quantas vezes o lirismo sem par de *O Paraíso Perdido*, de Milton, que foi meu livro favorito enquanto singrava os mares a bordo do Beagle. A 29 de janeiro de 1839 casei-me em Londres – tenho sido muito feliz. Vivemos na capital até setembro de 1842, quando nos mudamos para Down, onde estou escrevendo esta autobiografia. Vieram-nos desse casamento dois filhos e duas filhas.

No que se refere à parte íntima de meu ser, creio ter agido bem me empenhando constante e decididamente no estudo da ciência, ao qual dediquei toda a minha vida. Não sinto remorso de haver cometido pecado grave algum, mas sim de pesar por não ter feito maior bem ao próximo.

Quanto aos meus sentimentos religiosos, acerca dos quais tantas vezes me têm perguntado, considero-os como assunto que a ninguém possa interessar senão a mim mesmo. Posso adiantar, porém, que não me parece haver qualquer incompatibilidade entre a aceitação da teoria evolucionista e a crença em Deus.

Ao final, gostaria de encerrar com esta afirmação: Sistematicamente, evito colocar meu pensamento na religião quando trato de ciência, assim como o faço em relação à moral, quando trato de assuntos referentes à sociedade.

C. D.
Down, G. B.

NOTAS

A ORIGEM DAS ESPÉCIES POR MEIO DA SELEÇÃO NATURAL TOMO III E ÚLTIMO

(1) Dromaius novaehollandiae.
(2) Dasyprocta leporina.
(3) Lagostomus maximus.
(4) Ondatra zibethicus.
(5) Myocastor coypus.
(6) Veja nota 3 do primeiro volume.
(7) Veja nota 3 no segundo volume.
(8) Conrad Martens (1801–1878), pintor de paisagem, juntou-se ao H.M.S. Beagle em Montevidéu em 1833, e atuou como desenhista até 1834, instalando-se na Austrália em 1835.
(9) Richard Thomas Lowe (1802–1874), clérigo e botânico inglês, foi capelão na Ilha da Madeira de 1832 a 1854. Reitor em Lea, Lincolnshire, de 1854 a 1874. Publicou trabalhos sobre a flora da Ilha da Madeira entre 1857 e 1872.
(10) John Philip Mansel Weale, naturalista sul-africano.
(11) Georg Hartung (1821–1891), geólogo alemão, em 1852 e 1853 investigou a geologia da Ilha da Madeira com Charles Lyell. Autor de numerosos diários de viagem.
(12) Johann Georg Gmelin (1709–1755), naturalista e explorador, foi professor de química e história natural na Academia de Ciências de São Petersburgo, de 1731 a 1747; tornou-se professor de medicina, botânica e química da Universidade de Tubingen, 1749.

(13) Jean Louis Rodolphe Agassiz (1807–1873), zoólogo suíço, foi professor de história natural em Neuchâtel, de 1832 a 1846, emigrou para os Estados Unidos em 1846, tornou-se professor de história natural da Universidade de Harvard, entre 1848 e 1873; dirigiu o Museu de Zoologia Comparativa em Harvard em 1859; membro internacional da Royal Society de Londres, 1838.
(14) Nuphar polysepalem
(15) Notação ultrapassada, entretanto mais próxima do que Darwin teria usado para se referir à ordem de aves que possuem pernas longas desprovidas de penas. Atualmente prefere-se representá-las como ciconiiformes, charadriiformes e gruiformes.
(16) Ilhas do golfo de Bengala, Índia.
(17) Ver nota 7 do primeiro tomo.
(18) Ordem de mamíferos, com 18 famílias e centenas de espécies conhecidas vulgarmente como morcegos.
(19) Ordem de insetos holometábolos, com mais de 350.000 espécies, conhecidas vulgarmente como besouros, caracterizados principalmente pela presença do aparelho bucal mastigador e por quatro asas, cujo par anterior se apresenta em forma de élitro e o posterior, membranoso.
(20) Sistema do erátema paleozoico, posicionado entre o ordoviciano e o devoniano.
(21) Didelphis virginiana.
(22) Estágio larval, planctônico e característico da maioria dos crustáceos aquáticos, dispondo de três pares de apêndices e um ocelo mediano, na parte anterior da cabeça.
(23) Larva planctônica de diversos crustáceos decápodes, especialmente dos caranguejos, com o cefalotórax grande, dotado quase sempre de dois ou três longos espinhos e abdome esguio.
(24) Ordem de crustáceos malacóstracos, que são em sua maioria marinhos e filtradores, pertencendo à superordem dos peracáridos, assemelham-se a pequenos camarões, com o tórax coberto por uma carapaça, olhos compostos pedunculados e urópodos, formando um leque caudal.
(25) Ctenomys torquatus.
(26) Pierre-Louis Moreau de Maupertuis (17 de julho de 1698 a 27 de julho de 1759) era matemático francês, filósofo e homem de letras, mais conhecido por ter criado o princípio da mínima ação.
(27) De fato, Darwin veio a falecer pouco tempo depois de compor este ensaio.